ふたり老後もこれで幸せ

医学博士・大阪府医師会広報委員会副委員長
辻川覚志 著

水曜社

はじめに

前著『老後はひとり暮らしが幸せ』で、家族と一緒に暮らす60歳以上の人は、ひとり暮らしに比べて、悩みが多いことを報告しました。とくに、長年連れそった夫婦ふたり暮らしをされている女性が最悪で、満足度も低く、悩みが多かったのです。これはあくまでもたくさんの人からいただいた声を、統計的に調べただけですから、すべての人において言えるものではありません。実際、ふたりで暮らされていても、悩みも少なく満足して暮らしておられる方も多くおられます。しかし、一方で、かならずしも満足して過ごされているとは限らず、同居している夫や家人との関係に悩んでいる人も多いのです。ふたりで暮らしておられるのですから、寂しくないはずなのに、なぜ悩みが多く、満足度が低くなってしまうのでしょうか。この原因を追究し、その対応策を追求しようとしたのが本書です。

今回のアンケートでは、家族と一緒に暮らす女性の悩みは、自分自身に対するものもありましたが、夫に対する悩みの方が大きな部分を占めていました。家族は夫婦ふたりしかいないのですから、双方の関係が、日々の生活満足度を大きく左右することは当然です。良好な意思疎通ができる関係を築けている場合は問題ありませんが、かならずしも、うまく関係を保つことができず、悩みの原因になってしまっている例があります。しかも、ふたりだけですから、その緩衝役になってくれる人がおられないだけに、問題が長引くことになってしまいます。

今回ご協力いただいた方々は、60歳以上です。絶対にやらねばならない仕事がある人は多くはありません。しかし、その代わりに、さまざまな映像メディアが、その人の日常を支えてくれるようになっています。情報化社会の進展とともに、自分だけの世界に閉じこもり、過ごす人が多くなりました。メディアを楽しむ本人にとってはよいことなのでしょうが、同居人にとって、大問題になる場合があります。

また、自らの生命を維持する活動をすべて他の同居家族に依存してしまっている場合も、老いとの戦いに苦戦することになります。寿命が長くなりましたので、老いとの戦いも、それだけ長くなりました。そのとき、ひとりで戦うより、ふたりで戦った方が有利に決まっていますのに、そのようになっていません。老いとの戦いは、結局は個人戦です。個々の人がそれぞれに独立していてこそ、連携プレイが生きてきます。社会人としては非常に強い人だったのに、ふたり暮らしでは独自の世界に閉じこもり、本人はそこまで意識していなくても、同居家族を無視して行動されたり、一方的に何かを言い続けたりするように見えてしまう人がおられます。

老いとの戦いは待ったなしです。戦いは長いですので、あまり神経をとがらせる必要はありませんが、相手あっての暮らしです。それぞれの人が、老いとの戦いをある程度意識して、一日でも長く満足しながら暮らせるようにしてほしいと思います。

また、現在のふたり暮らしは、やがて来るひとり暮らしのための準備期間であるとも言えます。やがて、ひとり暮らしの季節は必ずやってくるのです。

そのためにも、今のふたり暮らしがどのようになってきているのかを確かめつつ、アンケートへの回答を頂戴いたしました皆様のご意見も参考にしながら、ふたりで過ごす老後を快適に暮らす方法について考えていきたいと思います。

目次

5章 ふたりの自立のための3つの手順書

1章
ふたり暮らしで妻が不満な理由

ふたり暮らしは妻のひとり負け

この本のためのアンケートにご協力くださった60歳以上の人は、924名、男性327名、女性597名でした。そして、ひとり暮らしが、203人、ふたり暮らしの人が410人、3人が126人、4人以上の家庭におられる人は107人、無回答78名でした。ふたり暮らしの構成までおうかがいできた方々は、夫婦207名、ひとり親と子や孫が36名でした。つまり、ふたり老後は、基本的には夫婦で構成されていることがわかります。夫婦だけで過ごされているということは、夫婦のどちらかが先立たれた場合、ひとり暮らしになってしまう可能性が高い形と思われますので、ふたり老後は、ひとり老後の準備段階という意味あいもあるかもしれません。

そこで、ひとり暮らしとふたり暮らしの男女差を満足度と悩み度で比較してみました。前著でも指摘しましたが、今回の追加分を加えたアンケートにおいても、満足度という点においては、ふたり暮らしがよくないという結果でした。とくに、男女の比較も加えますと、満足度は男女ともにふたりで暮らされている人の方が低かったのです。

また、悩みの多さに関して、集計しますと、ふたり暮らしをされている女性が、ひとり暮らしの男女やふたり暮らしの男性と比較しても、大きな悩みを抱えておられることがわかります。つまり、満足度といい、悩みの多さといい、ふたり暮らしをされている女性が、ひとり負けの状況であることは明らかであり、この方々を支援することが必要であると考えられました。

また、ふたり暮らしは、ひとり暮らしと同様に大きなばらつきがあることがわかりましたので、非常に満足して暮らす方々がおられる一方で、とても不満に満ちた方々もおられ

満足度（横線は全体の平均値）

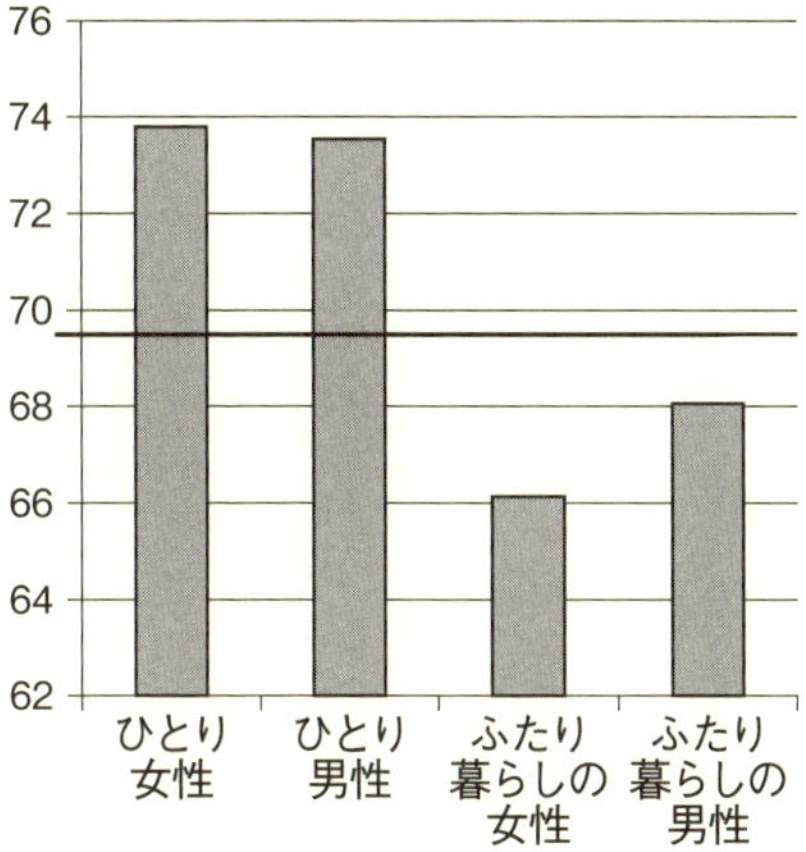

悩み度（横線は全体の平均値）

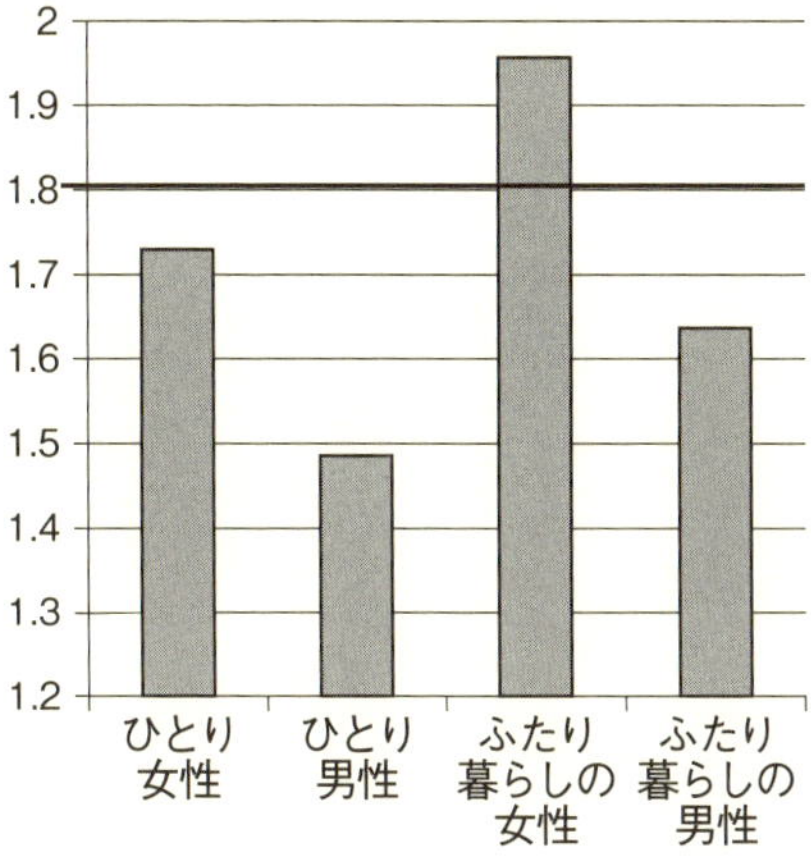

ることが推測されます。つまり、うまくいっている夫婦とそうでない夫婦の両方の意見をうかがえば、どうすれば、ふたりが満足して暮らすことができるのか、重要なヒントをもらえるのではないかと期待できます。

しかしながら、長年夫婦として暮らされているふたりの関係は複雑です。そんなに簡単に、現状を改善するような工夫が見つかるかどうかはわかりません。その時々の思いには、長年の積み重ねが含まれており、一度や二度のアンケート調査程度では、とても計り知ることができない深い思いがあるのではないかと思われます。しかしもし、これにより決定打まではいかずとも、なにがしかの効果が期待できる対応策が見つかるならば、それだけでも、夫婦の満足度が少し改善し、ひいては同居全体の満足度が、ひとりで暮らされている方々の満足度に匹敵するようになるかもしれないのです。

夫婦のみの家庭では、夫の満足度もそれほど高いわけではありませんでしたが、それにしても、妻の満足度がひときわ低く、悩みも多かったのは、一体、どのような思いで、妻は日々を暮らしておられるためなのでしょうか。そして、どのような不満を抱いておられるのでしょうか。これに対する対応策を考えるためには、まずは、妻の不満について詳しく調べなくてはいけません。そこで、多くの妻のご意見をうかがい、まとめましたので、述べさせていただきます。

やることにいちいち口を出してくる

70代前半　女性

トイレに立とうとしたら、夫がどこに行くのかと問う。自宅で、トイレに立つ時まで、いちいち口に出して、なぜ、夫に報告しなければならないかと怒りがこみあがってくる。まったく、うっとうしい。

70代前半　女性

夫婦で暮らしているが、夫はずっとテレビばかり見ている。そのため、話しかけても返事しない。その上、細かなことまで口を出してくる。腹が立つ。こちらも反論するが、夫はそのときは理解したようにうなずいている姿をみせるにもかかわらず、記憶には残らないのか、またすぐに同じことを言ってくる。気分が悪い。時には腹が立って、夜も眠れないときがある。

息が詰まる思い

妻がやることなすこと、どんな些細なことでも、夫が口出ししてきます。まるで一日中、妻がやることを監視しているかのような夫の態度に、妻はあきあきしている姿が浮かびます。人は自由に、自らの思いのままに暮らしてこそ、満足感を得られると、前著でも述べさせていただきましたが、この自由度が高いことこそ、人が生きていくための最も重要な要素であります。そして、その自由度の高さが、ひとり暮らしが、同居で暮らされている人に比べて、満足した暮らしができる最も大きな理由であったわけです。

それが、夫が退職し、一日の内の大部分の時間、自宅におられるようになってからは、妻の大切な自由がなくなるわけです。確かに、べつに自由が制限されているわけではありませんが、なにかにつけ口をはさんでこられたら気分が滅入ります。食事の世話や洗濯など、いろいろな身の周りの世話をしてあげているのに、まるで夫から事細かに監視されているように感じてしまうのです。ほんとうに、息が詰まる思いだろうと推察いたします。

これでは、妻の怒りは頂点に達してしまいます。妻は部下ではありません。自宅は会社ではありませんから、会社で働いているときのように、いちいち周囲に断りを入れてから、トイレに立つようなことはする必要はないはずです。それを、とにかく、どんなことをするのも、口を挟んでこられたらまいってしまいます。

夫は、まだ、会社に勤めておられるつもりなのでしょうか。それとも、また、まったく違った考えをお持ちなのでしょうか。

80代前半　女性

夫が脳卒中でトイレも介助が必要である。認知症も加わってきているのか、些細なことを指示し続ける。夫がデイサービスに行くときが唯一の息抜き時間であるが、この時間だけしかゆっくりできないので、ゆとりがないと感じる。夫は、人の言うことをまったくきかない。腹立たしいが気持ちの持っていき場もない。

70代前半　女性

半年前に体調を崩してプールをやめた。それ以来、ずっと夫と一緒に家にいる。細かなことまで指図してくるのでうっとうしい。夫が2階に上がるときだけが、ほっとする時間だ。時々、腹が立って、夜眠れないときすらある。何を言っても聞いていないようだ。50年も前のことまで言って、私を責める。気分悪い。

細かなことまで指図する

夫が口を出すというより、指図するといった行動をとられる場合もあります。長年連れ添った夫婦の場合、長所も短所も、お互いに知り尽くした関係です。夫の性格やくせもよくわかっているわけですから、けんかをすれば、相当きびしいけんかとなってしまいます。妻からすれば、普段から、夫の体調を維持するために、よかれと思って、食事や衣類の世話をしているのに、退職してから、夫は、そのことにはまったく感謝せずに、些細なことまで指図してくるわけです。食事をとることや清潔な衣服をまとうことは、生きていくためには大切なことです。その世話をしてあげているのに、一体、そんな些細なことがどうしたというのだという気持ちが起こるのも無理もありません。まるでこの世は、自分が一番偉いと思っているようなふるまいです。怒りと落胆で、毎日がうっとうしくなってしまいます。

このようなことは、夫が、仕事において、部下に対してやってきた対応に似ていると思われます。つまり、夫は、長年、会社人間としてふるまってきたままを妻に対しても行っているわけです。そんなことをすれば、妻は部下ではありませんから、怒りをかうのも、当然です。年をとっていけば、心身が衰えていくことは、誰も避けることはできません。そして、男女で平均寿命に差がありますので、多くの場合、夫の方が、先に健康上の問題が出てくる可能性が高いと言えます。そんな老いとの戦いを直前に控えて、夫は、ことごとくあろうに助けてもらうべき妻を、部下扱いしているのです。妻は部下ではありませんので、危険なことをしていることになるでしょう。ここでも、あまりに長かった仕事人生のくせが抜けていないとしたら、問題だと思います。

60代後半　女性
夫婦で自営業を営んでいるが、夫は、まったく自分には小遣いをくれない。たとえば、どこかに行く場合も、電車賃の明細書を出さなければならないし、おつりも夫にいちいち返さなければならない。息が詰まりそうだ。

小遣いもくれない夫

大きなお金を管理する仕事は、夫の仕事である場合が多いのではないかと推測します。なにせ、老後を考えていく場合、年金などが中心になってくるわけで、その中で、いかに自分たちの生活を維持していくかに心を砕かれていることでしょう。ましてや、自営業で金銭管理されている場合や、退職後や退職間近になれば、気になる最重要項目は常にお金であるはずです。そして、このご時世ですから、自分たちの将来も考えると、少しでもお金を節約しなければならないとお考えかもしれません。そのように苦心されている夫だから、このようになさるのかもしれませんが、ここまで来ると、少し行き過ぎではないかと感じます。

退職後や退職間近になれば、入ってくる収入は、一定の額にとどまるわけで、決して無駄遣いはできません。お金は大切です。もしお金がなくなれば、首をくくらなければならないわけで、決して、おろそかにできることではありません。しかし、このご夫婦の場合、妻には小遣いがまったくないわけです。わずかなお金を使う場合でも、すべて夫の許しを得なければならない状況が続いた上に、夫と同等以上に働かされていると感じておられるのかもしれません。確かに、これがずっと今後も一生続けば、あまりに窮屈で、息が詰まりそうになることでしょう。しかも、そのような考えであることは、妻は夫に何度も訴えておられることでしょうから、それをまったく聞き入れられないということは、夫婦の間に、意思疎通がまったくないことを意味するものと考えます。

年金だけの生活になったとき、夫は自分の年金で妻を食わせていると考えておられる人がいるとうかがいますが、夫の給料は、妻の後方支援がなければ達成できなかったものであり、決して、夫ひとりのものではありません。夫が働いている最中でも、夫自身を支えるためには、外食や出前などをできるだけ少なくして、経費をおさえて支援してくれていたのは妻です。これがなかったら、現在手元に残っている資金が少なくなっていたはずです。これらのことが総合されて、今の生活の基盤をつくっているのです。夫ももちろん貢献していますが、このように、何も夫だけの力で今日の生活が成り立っているわけではないのです。年金は、夫ひとりのものではありません。

自分の考え方に従わせようとする

50代後半　女性
夫は、ときに夜中でも、急に家族みんなでラーメンを食べに行こうと言い出す。言い出したら、誰の言うことも聞かない。夜中でも無理矢理、寝ている子供たちも引き連れていこうとする。みんながついて行かなければ機嫌が悪い。

本人はいたって元気のつもりだが

このタイプの人は、細かなことまで言ったり、指図したりするというより、自分独自の世界をつくり、その世界観で、完全に周囲の人々を巻き込みながら、すべてをやり抜いていこうとされる人です。昔の戦国武将などは、その典型のようなもので、一国一城を支えるためには、ワンマンでなければ、うまく生き残れなかったように、完全に自分が中心である独自の世界をもっておられる方です。ですから、そのお陰で成功されておられるといえるかもしれません。このタイプの人においては、仕事やメディアからの影響もあるかもしれませんが、その人の持つ素質や生まれ育った環境などからの影響が大きいかもしれません。男が仕事で活躍する場合、多くはこのようなパワーを要します。そして、時に、そのパワーが家族にも向けられることになるのです。

従いまして、本人には何の悪気もないわけで、もしかしたら、これが家族のためだとさえ思っておられる可能性すらあるのです。このような場合、その人の意志は強く、周囲からの声はまったく耳に届きません。特に、例にあげた会社を経営されておられるような非常に行動的な人の場合、そのパワーが会社をもり立てているわけで、そのバイタリティがなければ、やっていけないわけです。ある意味で、必須の要素ともいえると考えます。しかし、周囲の家族は大変です。まるで、戦国武将の家族のようなもので、真夜中でもつきあわなければ機嫌が悪くなるのですから、もう開いた口がふさがらないという事態にも陥ります。このタイプの人は、本人自身もなかなか大変だといえますが、本人は、いたって元気であり、いつまでも年をとらない万年青年なのかもしれません。

夫は、会社では、困難な仕事を細かなところまで気をつけて成し遂げてこられた人です。

そのお陰で、会社も国も助かってきたわけです。その人が退職され、毎日、自宅におられるようになっても、やはり何かにつけ、鍛えられたきめ細かさで日常生活の隅々まできっちりとしようとされるのは一種の習性のようなものです。それを自分自身のことに対して実行されておられるのなら、それはよいことなのですが、自分だけでなく、妻まで、巻き込もうとするわけですから、気分が悪いといわれても仕方がありません。このような行動の背景には、自分の考えがすべて正しいという考え方があるのかもしれません。

60代前半　女性
夫は、まったく人の話を聞かない。自分の思い通りにしか行動しない。反論するとすぐに大声を出すので、話ができない。

70代前半　女性
夫が病気のときは、私が病院に毎日、見舞いに行って世話をしてあげたのに、私が病気になって入院しても、一回も病院に見舞いに来なかった。夫は自分のことしか頭にない人だ。同じ屋根の下にいるだけで、気分が悪い。

60代前半　女性
夫は、家族の病気には関心を示さないが、自分が検診で少しでも異常がみつかると、どこの病院にかかるべきかと大騒ぎする。

60代後半　女性
夫婦で暮らしているが、退職後、夫は大きな音でテレビを見たり、テレビゲームばかりやったりしている。私の体調はあまりよくないのに、夫は何も手伝ってくれない。仕方がないので家事一切の切り盛りを私がやっている。私の病気のことを夫に相談しても無関心のようだ。耳鳴りがする。頭が痛い。何もかも忘れたい。

あまりにも強い自我

これらのタイプの夫は、妻には何も言ってこないのですが、やることは完全に妻とは無関係に、自分自身の世界の中で行動されます。別に妻を巻き込もうとされることもありません。妻とはまったく別の世界に住んでおられるかのごとくです。長年、独自の世界をしっかりと持って暮らされてきた夫の場合、退職されても、ときに、このような対応をされる場合があるとうかがいます。やはり、人は生きていく場合、ある程度、自分の意思は必要なものですが、あまりに強い自我を持たれていては、外部との意思疎通はむずかしくなります。たとえば、大切な話し合いをしようとしても、すぐに、会話にならなくなってしまうと言われます。そうなりますと、もし、何か思い違いをされていて、大切な見落としがあり、結果に重大な悪影響を与えてしまいそうな場合でも、それを伝えることができなくなっています。それでいて、何か困ったことが起これば、妻が助けなければならなくなる場合も多いわけで、迷惑もほどほどにして欲しいと思われるのも無理はないわけです。その上、そこまで、完全に自分自身の世界を楽しんでおられるのなら、生活上の雑事もすべて自立しておいてもらうと助かるのですが、多くは、自立もされていません。自分自身では、何も家事ができず、やろうとされないにもかかわらず、独自の世界で自分だけをみて行動されるわけです。

確かに、いつも判断をしなければならない立場になることが多い夫の立場では、常に、このように強くなければならなかったのかもしれませんが、変化の多い時代ですので、従来の基準での判断で、常に正しいとは限りません。柔軟性も必要な場合もあるのではないかと心配してしまいます。考えてみれば、人間、何百年も生きられません。そんなに肩に力を入れずとも、ゆっくりと暮らされたらよろしいのではないかと思うのですが、やはり、仕事一筋でやってこられた方には、その強い信念はそう簡単にはゆるがないのでしょう。

いつもべったりついてくる

60代前半　女性
夫が退職してから、どこに行くのもついてくるので、うっとうしい。

80代前半　女性
山歩きをしているが帰りにスーパーによって買い物をして帰ってくる日課だ。しかし、最近は、スーパーで夫が待っていて、ずっとついてまわるようになった。何か監視されているような気がして、気分が悪い。

妻だけが意識に残った？

夫は退職後、いくつかのやるべきことを探そうと努力されますが、結果として、何も見つけ出すことができないということはありえると思います。そのような方は、テレビも興味がなく、何をすることもなく、かといって、家事はその人の頭の中には存在しないわけです。また、たとえ、家事を手伝おうとされたとしても、もしかして、妻から不十分な家事は手伝わない方がましだと言われるのかもしれないわけです。とにかく、夫には何もやることがないという状態になります。そうなると、仕方がないから何かやって時間をつぶすしかないわけです。そのような中でも、妻の方は、毎日の生活を生き生きと暮らされています。

妻にしてみれば、別にそれほどおもしろくもない家事をやらなければならないからやっているだけであって、いやいや出かけている部分もあるのかもしれません。ところが、夫から見れば、毎回、妻が楽しそうに出かけるように見えているのかもしれないわけです。つまり、自分の世界には、何もおもしろいものはないのに、妻が楽しそうなのは、一体、どういうわけかと思う気持ちが芽生えるかもしれません。暇はあります。そこで、妻の後を常につきまとい、その行動様式を調べようと考えられることはあるかもしれません。つまり、妻の行動を不思議に思われて、妻の行動を調べているということになるわけです。

その結果、妻がどこかに出かけようとすると、行き先を聞いてみたり、どこに行くにもついて行こうとしたり、出かけた先まで携帯電話で聞いてきたりするわけです。夫の意識の中には、今まで仕事ばかりが入っていたわけですが、それが抜け、妻だけが残ったのです。つまり、会社の同僚は、妻だけとなったわけです。ですから、妻だけが目立つわけです。これは私の想像だけですので、間違っているかもしれませんが、夫は、妻の生活自体がどのような構成で成り立っているのか知りたいと思われているのかもしれません。

ひとりで行動するのと、ふたりで行動するのとでは、同じことをやっても、まったく違った体験となってしまいます。妻に限らず、誰でも自分自身の世界を形作って、それをもとに、すべての活動を行っているわけで、夫といえども、むやみに、妻の領域に入り込むことは避けなければならないことです。それを、定年後は、仕事はありませんから、常に行動を共にしようとされているのでしょうが、これには無理があるわけです。しかし、もし夫が、妻と心と心の触れ合いがあると信じておられるタイプだとすれば、それだけ感受性の高い人を夫にされていると言えますので、妻ががまんできる範囲で、ときには、夫を同伴することを許してあげて欲しいと思います。

仕事もないのに勝手なことばかりしている

70代後半　女性

夫はビデオやパソコンにばかり向かっている。また、どこに行くのか知らないが、時々外に出かけていく。そんな夫の食事の世話をしなければならないのが、苦痛だ。

60代前半　女性
夫は、音楽を聴いたり、テレビを見たりして何も家事は手伝ってくれない。ときどき出かけていくが、どこに行くのか知らない。私が死んだらどうするのかと思う。

70代前半　男性
退職したとき、料理学校に行けと言われた。食事をつくらなければならなくなることを警戒して、絶対に料理学校へは行かなかった。その後は台所に近づかないようにしている。

70代前半　女性
夫はずっとコンピューターばかりやっていて、夫婦の会話がない。一日のうちに、「ご飯は何」としか言わないことがある。コンピューターさえなければ、もっと話ができて、夫婦仲も変わっていただろうと思う。

60代後半　女性
夫は、一日中、パソコンの前に座り、なにやらやっている。会話がまったくない。食事のときも、ほとんど会話はなく、食事が終われば、何もいわずに、すぐに自分の部屋に戻って、またパソコンをやるか、その前でうとうとしている。おもしろくない。

一切家事を手伝ってくれない

妻の側からのお話をうかがっておりますと、夫は、まったく家事をするという気がなさそうです。というより、自分のやることだとは思っておられないように感じられます。双方の思いは当事者にしかわからないもので、このような行動の背景には、さまざまな要素が隠れているような気がいたしますが、少なくとも、多くの方々から話をうかがっている限りでは、夫の方が自分自身の世界に浸りきっているように感じます。夫は長年、家事をすることなく、ずっと仕事をしてきました。退職して、自宅にもどってきても、家事は今まで通り、妻に任せっきりにしておきたいと思っておられるようにも思われます。長年の仕事生活の中で形成されてきた夫の意識には、家事という項目が入っていないということなのでしょう。

ただ、夫は、退職していますから、家事も手伝わずにこれから一体、何をやるのでしょうか。家事をせずに、ほかに何か退職後にやるべきすばらしいことがあるというのでしょうか。しかし、現実には、このやりがいや生きがいを感じることができることを探すことがむずかしいわけです。ですから、結果として、夫は、あえてむずかしい選択肢を選んでおられるように思われます。以前なら、このようなことにあまり悩まなくても、短い老後であったため、それほど大事には至りませんでしたが、いまでは、男性も結構長い老後が待っています。それをどのように過ごすのか、どうすれば一番快適に暮らすことができるか、これらの問題がもっとも重要なテーマになってきたわけです。

70代前半　男性
家事は一切しない。普段はテレビを中心に、ビデオやパソコンを見ている。また、趣味で、独学で英語をやっている。妻には感謝はしているが、何も言ったことがない。

70代前半　女性
夫は、病気をするまでは運動するために外出したりしていたが、その後は、ずっとテレビばかり見ている。食事のときだけ、下りてくるだけだ。話しかけても返事もしない。

家事労働に対してねぎらいの言葉もない

夫の頭の中には、家事は自分の仕事という認識がありませんので、たっぷりある退職後のゆとり時間は、好きなことができます。そこで、一日中、テレビを見たり、ゲームをやったり、パソコンをやったりしておられるわけですが、食事時には、妻が用意したものを黙々と食べては、また、すぐに自室にもどり、自分がやっていることの続きを楽しんでおられるわけです。その熱中することも、人それぞれまったく別々ですが、妻から見ればどうでもよく、要するに、これだけ準備して食べさせて、それの後片付けまでやって、またつくる、といった作業を繰り返す自分自身に対して、夫は一体、どう考えているのか疑心暗鬼に陥ってしまうのも無理のない話です。

しかも、夫には、妻に感謝する気持ちもあるかもしれませんが、それは食事の時だけで、短時間で自分の好きなことに意識がもどっていきますので、最初に考えていた妻に感謝する気持ちは、ほとんど意識に残らなくなっているかもしれないわけで、自分の好きな楽しい世界に戻れば、夫が妻に対して持った感謝の気持ちや罪悪感は、一瞬しか、夫の心に浮かばなかったことになるのです。このようにふるまっておられる夫のうちの何人かに、思い切って、妻への気持ちをうかがいましたところ、みんな感謝されていることに驚きました。彼らは常に妻に感謝されていたのです。もちろん、普段は、妻への感謝を意識することはなく、あらためて聞かれたら感謝している自分に気づくというような感覚の人もおられるとは思いますが、少なくとも、食事が天から降ってくるわけではないことはよくご存知であり、妻のお陰で、自らの生命が維持されていることは自覚されておられたのです。

しかし、外見からはそのようなことはわかりませんから、妻からみれば、夫は無言で食事を食べ、そのまま、その人が好きな世界にもどっていくように見えるだけです。これでは、妻は、まったく家政婦さんのように扱われていると感じてしまい、うっとうしいと感じてしまわれるのも当然だと思われます。

このような意思疎通の悪さは、今回のアンケートでも、随所に見られたものです。

60代前半　女性
夫は、後片付けする者の気持ちを考えずに、勝手な行動をする。一度でも自分で掃除すればこうはしないだろうが、一度もやらないから、わからないのだと思う。腹が立つ。

60代後半　女性
変な理屈をつけて、決められた風呂の掃除当番もやろうとしない。自分さえよければ、よいと思っているようだ。むかつく。

早く自分の時間をつくりたいのに

ひとつひとつのことは、些細なことばかりかもしれませんが、妻にとっては、掃除や後片付けは、毎日のことです。少しでも効率良く済ませて、早く自分の時間をつくりたいと思っておられます。そのため、何かをやる場合でも、後片付けのことを考えながら、やるわけですが、夫には、それがありません。何も後片付けまでやってくれとは思わないのですが、せめて、それぐらいの配慮はしてくれてもよいのではないかという思いがあります。後片付けのことを考えれば、自分ならこのようにするというやり方があります。妻は、夫にもそれを期待するのですが、なかなか協力してもらえません。

夫のすべてに腹が立つ

60代前半　女性
夫は、退職後、何もやらない。ずっと自宅にいて何かやっている。外で働くように言ったら、自分は今までに十分働いてきたから、これからは、働きたくないと言う。

もう何もしないといばっている

妻からしてみれば、これなど、とんでもない理屈です。毎日、炊事・洗濯・掃除・近所づきあいなど、さまざまな用事は、働くことになっていないのかという思いです。家事全般だけで、給料に換えると数十万円に相当する働きであるといわれています。家事は、自らの生命を維持するためにどうしてもやらなければならない必須の仕事なのです。それを、夫は、自分が会社に行って生計を立てるために働いたことだけを仕事と認識しているわけであり、妻にしてみれば、一体だれのお陰で夫が生きていられるのかとご立腹されるわけです。夫が、家事を必須の仕事と認めないのなら、妻は何も夫の体を気遣う必要がなくなるわけです。つまり、妻は、家事をやめたければやめればよいという極論もありえることになります。

70代後半　女性
夫は一切家事をしないが、何も言わない人だ。しかし、夫が食べている姿を見ているだけで腹が立つ。夫とは絶対に旅行には行かない。先日、友達と海外旅行に行って気分転換してきた。

いっしょにいるだけで嫌、という感情

いままでの色々な些細なことの積み重ねがあって、このような感情が起こってきているのかもしれません。そうでないと、いきなりこのように、夫が食事する姿を見るだけでも腹が立つというような過激な感情は出てこないと考えます。まさに、何十年も連れ添ってこられたご夫婦だからこその感情でしょうが、相当過激なものです。とにかく、夫のなさることすべて、見ているだけで気分が悪くなられるそうです。別に、夫が口うるさいということもなく、何も指図されるわけでもない場合でも、夫の姿を見ているだけで腹が立つのだそうです。

この気持ちを、男である私が解釈するのはむずかしいですが、あえて、独断と偏見で解釈しますと、「私は、確かに夫には経済的に依存しているのは事実だが、決して、夫の付属品ではない。私のことは放っておいてほしいと考えるが、夫は、細かく私に関わってこようとする。うっとうしい。そこに居るだけで気分が悪くなる」というふうな感じでしょうか。そのため、すぐに夫に対して大きな声を出されるのだそうです。しかし、あまりに興奮されますと、今度は怒っておられる妻の身にも、かなりのストレスがたまりますので、要注意です。人を注意したり、怒ったりされることは、自分自身にとっても、血圧などに悪影響が及び、体全体の調子にまで影響しかねないわけで、ほどほどにしておかないといけないものです。人生はまだまだ長いわけですから、それほど、頭に来ないようにして、もっと楽しいことを頭に浮かべるようにされて過ごしていただきたいと思いますが、それができないから、皆様方が苦労されておられるわけです。

2章
夫にもいいわけがある

夫の満足度も高くはない

前章では、妻が怒り心頭に発する思いを述べてきました。妻にしてみれば、夫ばかりいい目をして、自分ばかり損をしているという思いがうかがわれます。しかし、今回のアンケート結果では、妻の満足度は確かに最低ですが、ふたり暮らしの夫の満足度も必ずしもそれほど高いものではないということがわかっています。つまり、夫の満足度は、全体平均を下回っていたわけです。妻の抵抗が、かなり夫にも効果を及ぼしていることを意味しているのかもしれません。

しかしながら、ふたり暮らしをしている夫の側にも、それなりにいいわけがあるのです。そのようないいわけはお読みになりたくないという場合は、この章は飛ばしていただいても結構ですが、夫のいいわけも知っておいていただければ、夫の心の中の一端を知ることになり、何かの場面で役立つこともあるかもしれません。妻も長い人生において、さまざまな経験をされてきたように、夫も、いろいろなことを経験しながら、生きてこられたわけです。生きるためには、夫独自の考え方や身のこなし方を身につけ、頭の中にはほかの人とは違う主義や主張ができていることも当然ありえると思われます。それらは、あなたにとって、まったく別次元のものかもしれませんが、それが、また、自分とはまったく別のタイプの人と結婚したという証でもあるのです。そこで、アンケートを通じてうかがった夫の思いを説明させていただきます。

現役時代は超多忙の毎日だったから

40代前半　男性
会社から疲れて家に帰ってきたら、とても家庭のことを聞く余裕はない。妻も大事なことだから、話をしようとするのだろうが、できれば聞きたくない。

50代前半　男性
一日の仕事時間は、時に11時間以上に及ぶ。家に帰ってくるのが深夜になるのはあたりまえだ。疲れているが、ゆっくりできるのは、トイレの中だけである。

40代前半　男性
毎日、12時間以上働く。家に帰ってきたら、もう何も考える余裕はない。ご飯を食べて、風呂に入って、寝るだけだ。

急に妻しかいなくなって

あえて、このような現役世代の話をここで紹介させていただきましたのは、やはり、いまもって多忙を極めておられる方々の生の声は迫力が違うと思ったからです。確かに現在の現役世代の多忙さは以前とは少し違うのかもしれませんが、それでも、仕事は仕事です。以前でもやはり、相当厳しい仕事環境で働かれてきたものと推察いたします。それが、退職されたら記憶もよいものだけが残り、忙しかったことも印象が薄れてきているかもしれませんので、以前は比較的に楽だったという感覚だけが残っているかもしれませんが、おそらく、現実は記憶より厳しかったはずです。そのような厳しい環境の中で培った考え方ややり方は、そのまま夫の心の奥に残っていることが考えられます。そのような男性が、退職後に急に何もやらねばならないものがなくなるわけです。仕事に使っていた脳の部分、たとえば、人事管理や生産管理、整理整頓、手順書通りに活動することや、部下がおられた方は人を使いこなす術などが、すべて頭の中に入っている状態で、何もやることがなくなるわけです。

それが退職後も何かのきっかけで、表面に現れてくることが十分に考えられるはずです。

しかも、周りには、妻だけしかおられません。そのうえ、仕事をやっているときの緊張や張りは、しばらくすると解けてきますが、これらの根源的な思考パターンは、ずっと頭に残っていて、緊張が解けてくると、むしろ表面に現れやすくなることすらあるかもしれません。

仕事がオフになったときの夫ではなく、いままでは妻が知らなかった仕事がオンになっている状況の夫と、初めてご対面することになってしまうのかもしれないわけです。そのときの夫は、妻が知らない夫であり、妻が驚くのも無理はないということになります。

50代前半　男性
毎日、やらねばならないことが多すぎる。いつも寝るときは、明日やることを思い浮かべながら寝る。とても、仕事以外で、趣味などを持つ余裕はない。

40代前半　男性
毎日、仕事のことで頭が一杯だ。家族のことや家のことで、相談にのることはできない。その話は、後にして欲しいと言ってしまいたい。もう参ったという感じだ。

自分の世界の中だけでふるまう

このような極度の多忙状態では、仕事であろうと、私的なつきあいであろうと、マニュアル的なものを頭に描いて対応するしか、生きる方法はありません。そのため、男性は、それぞれ独自のやり方や考え方を身につけて働いてこられたはずです。そうしなければ、自分が持たなかったともいえます。ですから、その人が意識されているかどうかはわかりませんが、やはり自分自身の世界をつくることが仕事の一部になってきたはずです。たとえば、ある状況下では、自動的に夫の頭は、仕事パターンになってしまいます。これは、もうほとんど意識されておられず、体が動くかのごとく自然に出てくる行動パターンになっているということもありえます。そしてできあがった強固な世界で仕事をこなしながら、あっという間に退職の日がやってくるのです。そのようなわけですから、家事が退職後の自分がやるべき仕事のリストにのる可能性はあまりないと考えます。もちろん、退職後、これからは、自分も家事を手伝って妻と一緒に家事の中で、自分でもできるものから取り組もうとされる方もおられます。しかし、アンケートへの回答を頂戴していて、このような方は、少数派という印象です。大部分の夫は、家事は眼中にはなさそうです。

そこで、このようにならないように、よく、男性が退職するまでに、仕事以外に、いろいろな趣味を持ち、つきあう人の輪を広げておくようにすすめるとよいといわれます。いざ定年となってから、昔の友達ネットワークを再構築しようとしても、そう簡単ではないからです。

しかし、もし、本人がそうしようと考えても、退職する日までは、ずっと、仕事をきっちりやらなければなりませんので、それほど、時間のゆとりがあるわけではありません。週休2日をきっちりとることができる人なら、そのようなことを考える余裕があるかもしれませんが、多くの仕事人間は、日曜や祭日まで仕事のことを考えていなければならないということもまれではありません。従いまして、退職時に、いままで築き上げてきた自分の世界を壊して、広く周囲を見渡せる態勢にまで到達できる人は非常に限られていると思われます。常に仕事のことに気を使っていなければ、仕事をこなすことができないほど大量の仕事を抱え、退職の日まで、ぎりぎりの線で生活しておられるのですから、準備することができないのも当然です。つまり、退職してもいつの間にか形成した強固な世界をそのまま自宅に持ちこんでこられるわけです。

長い人生の多くの時間を働くことに費やしてきた人は、望んでそうなったわけではなく、その世界を耐え抜くために、独自の世界が必要でありました。それは、生きるために必要なものであり、やむをえずつくり上げなければならなかったものなのです。

70代前半　女性
夫は現役時代、何も文句を言わない人だったが、退職してから徐々に口うるさくなった。家事は一切手伝わず、文句だけ言うようになり、うっとうしい。一日中、パソコンをやっている。夫の存在自体に腹が立つ。一日中、気分が滅入る。

仕事の延長でものを考える

きっちりとした仕事をされてきた夫にとっては、たとえ、退職された後でも、その習慣は体に染みついておられると考えます。たとえば、きっちりと整理整頓してこられた方は、退職されても、自宅を整理整頓しようとされるかもしれません。また、部下をずっと管理し使ってこられた人は、自宅では妻だけしかおられませんから、つい、妻を管理しようとされてしまうのかもしれないわけです。また、その延長線上で、自分が食べるものややることに対して、さまざまな欲求が出てくることもありえます。そのため、事細かな指示をだされたり、監視ともとれるような行動をされたりするのかもしれません。

しかし、何もやることが見つからないからといって、妻を部下のように扱ったり、厳格に管理しようとしたりしても、まったく、自分にとって役立つ活動にはなりません。かえって、妻の反感をかい、自分自身に不利益になってしまいかねないわけです。それでも、やってしまわれるのは、やはり、相当長い時間、仕事人間になっておられた習性がそうさせるのかもしれません。

生きがいを見つけられない

70代前半　男性
70歳まで仕事ばかりの人生であった。当然、頭の中は仕事のことで一杯であった。退職してからは、何もやることがない。散歩をしては、家の中でぼうっとするだけである。テレビはあまりおもしろくないので見ない。だんだん、何をやるのも面倒に思うようになってきた。

70代後半　男性
自分の体が具合悪いので満足度が低い。目が疲れるのでテレビは見られない。週に2回デイサービスのとき、1から10まで声を出して2回運動すると気分が少し晴れる。自宅では木刀を振り回す。充実感がないので満足度は半分しかない。家事は邪魔者扱いされる。膝も悪い。何もやることがないことがつらい。

70代前半　男性
一年前まで働いていた。それまでは仕事のことで手一杯だった。一日中ずっと仕事のことばかり考えていた。退職したら、急に何をしたらよいのかわからなくなり、一日ぼんやりしている。趣味らしいものもない。何もやる気がしなくなってきた。

60代前半　男性
ラーメンを食べるときだけが、ホッとする時間であったが、ラーメンで塩分をとりすぎ、血圧が高くなって、食べることができなくなった。漫画、テレビを見ているが、時間はあるが、充実感がない。

何もすることがない

夫は、お金を稼いでくる仕事という自分自身にとってとても大きな存在意義を見いだせるものを失い、自分が納得できる世界がなかなか見つからないので、仕方がないから、テレビをずっと視聴したり、人によってはパソコンやゲームなどをやったりしながら、一日を過ごしているといった姿が見えてきます。

今の時代は、ある程度、年齢を重ねた人々にも、その人が好む世界を個人的に提供できる体制ができています。それを利用して、ビデオを見たり、ケーブルテレビを楽しんだりすることはいくらでもできるのです。

一方、妻は、夫に仕事があるときは、昼間は、夫は不在でしたが、ずっと自宅にいるようになりますと、それまでは自分ひとりならどうにでもなった家事を、夫のためにきっちりとやらねばならなくなります。自由時間も減ります。また、へたに夫に家事を手伝ってもらうと、また一からやり直さなければならなくなるので、かえって手間がかかるようになることすらあります。そのような場合は、手伝ってもらうこともできず、今後ずっと、朝昼晩の食事と家事をやり続けなければならないのかと考えると、気分が沈んでくるわけです。

しかも、百歩譲って夫が何をしていようとかまわないと考えても、時間があるのに、妻に家事をさせておいて、夫は何か意味のあることをやっているのかというと、妻にはさっぱり理解できないことを夫がやっているように思えるわけです。うまく、バイトでもなんでもよいから、なんらかの収入に結びつくようなことをやってくれるのなら、まだしも、多くは、何も収入に結びつかないことに時間を使っているわけで、夫の価値は、現役で働いていた時とは大きく異なり、低下しているわけです。

80代前半　男性
碁の本を読みながら、ぼんやりとする。テレビは見ない。

70代前半　男性
マッサージ機に乗り、本を読んだり、テレビを見たりする。

好きでテレビを見るわけではない

ところで、夫はその豊富なゆとりの時間をどのようなことをして過ごされているのでしょうか。アンケートで回答してくださった男性は61名でしたが、ずっとテレビを見ていると答えられた方は、女性に比べて少なく、約3分の1にとどまりました。もちろん、いくらかはテレビもご覧になっておられると思いますが、それほど、テレビは主役になっていません。その代わり、散歩したり、公園に行ったり、横になってぼんやりしたりしていると回答しています。しかも、テレビやビデオに接する機会はどのくらいありますかという質問にも、あまり見ることはないと回答されている方が、半数以上を占めていましたので、予想とは、少し異なり、男性はあまりテレビを好んでご覧になっているとは限らないということがいえると思います。

夫にとっては、仕事をやっていた頃には、仕事という他の者ができないことをずっとやっておられたわけですが、それが、いまや、夫でなければできないことがなくなったわけです。ぽっかり空いた時間に、一体、何をして自分自身の存在意義を見つければよいのかわからなくなっているようにも感じます。家事を手伝ってほしいといわれても、炊事以外は、ある程度手伝えるかもしれませんが、一番手間がかかり、時間的制約を妻にかけてしまう食事の支度という難事は、夫が代わってあげることができないむずかしいことだということを、ぜひ、妻の側も理解してあげておいてほしいと思います。

80代前半　男性
いろいろな映像記録をＤＶＤにして整理したり、旅のデータを詳細に記録したりしている。毎日、やることがあり、張り合いがある。

60代前半　男性
3年前に退職し、ずっと家にいる。一日ずっとテレビを見ているので、大変満足して、満足度も90点はあると思っていたが、いつの間にか生活のリズムが狂ってしまったのか、体調を崩した。

「仕事」をつくってはみたが

パソコンを使った仕事は、夫が長年やってきた仕事と重なり、しかも、目に見えるものをつくる作業であり、意味のある仕事となりえるものです。今の情報機器を利用すれば、以前では不可能であったことが実現できます。たとえば、本を書こうとして印刷して製本のまねごとができたり、パソコンを使って、今までのすべての映像データを整理したりしてみるわけです。これらの作業に必要なものは時間だけで、お金はそれほどかかりません。格好の「仕事」になるわけです。本来は、仕事はそれをすることで、なにがしかの収入を得るわけですが、人は、何か目に見える形になるものをつくり出しているとき、やりがいを感じやすいと思いますので、できたものの価値はその人が勝手に決めるとすれば、それでもよいという面があります。

しかし、時に、妻からみれば、まったく意味のないものに映るかもしれません。何か形になるものをつくっても、もし、世代がかわれば不要になってしまうものだと考えられることがほとんどです。結局、本当の仕事も含めて、人は生きるために仕事をしているだけです。別に何か特別なことをしようと思ってやっておられるわけではないと思います。ですから、たとえ、意味のないことをしていることになっても、その人はそれをやっておられるとき、やりがいを感じることができるのですから、ある意味では幸せなわけです。そのまま、ぜひ続けさせてやってほしいと思います。
では、この場合、一体、何が問題なのでしょうか。それは、妻との会話が減ってしまうことです。それから、もし夫が自立できていない場合は、その「仕事」に時間をとられて自らの生命活動を危機にさらしておられることになります。これらさえ、解決できていれば、夫にとってはよい「仕事」だと思うのですが、いかがでしょうか。

妻にも気を使っている

60代前半　男性
糖尿病になったので、1日1万歩以上歩く。妻のつくる料理にも細かな指示を出していたら、家庭内別居状態となった。そこで、外から買ってきたものを、パソコンを使って正確にカロリー計算して食べている。元気が出ない。

生涯現役でがんばっているのに

この方は、退職されても、パソコンを使って毎日14時間以上、金融関係の仕事をされています。それが生きがいとなり、今も、生涯現役を目指していることを誇りに思っておられます。これ自体は、とてもよいことだと思いますし、理論的に物事を処理されるところなど、確かに、完璧に現役の考え方をされておられるように思いますから、この方にとって、非常に理想的な老後の暮らしをされていることになります。しかし、ご自分の病気療養のために必要となったことを、すべて妻の側に求められても、妻は部下ではありませんから、怒ってしまわれるわけです。ほんとうは、まず、夫が自立して、日常の生活を送れるようにしてから、その余った時間を使って、仕事の延長をなさるのならよろしいわけでしょうが、この方の頭の中には、家事は入っていません。長い間、会社人間をなさっておられるうちに、家事は自分の仕事の範囲から抜け落ちてしまっているようです。仕事をやられる場合、まず、主な入力源となる仕事に関連した情報を頭に入れ、それを自分なりに解釈して、実際の仕事として出力します。それでひとつの仕事が終わるのですが、これらを複雑に組み合わせながら、ずっと仕事をやり続けてこられたわけです。そこには、自分自身の体を支える生命維持活動である家事は入っていません。とても、食事や炊事・洗濯など、必要な仕事を入れる余裕はありません。もちろん、ひとりで過ごされている場合は、やらなければ体を維持できないのですから、やりながら仕事をされていることになりますが、ふたりで暮らされてきた人にとっては、自分の仕事の中身に、家事は入ってこないものです。このような状態に慣れているわけです。

しかし、自らが食べるものは、自分で調理することが理想的になることは明らかです。料理を自分でなされれば、自分の好きなものを食べることができます。もちろん、糖尿病がありますので、そうなんでも食べることができるわけではありませんが、血糖値をはかりながらやれば、相当自由度があると聞きますので、やってみるだけの価値はあるのです。しかし、この方は、パソコンの世界では、現役ですから、頭の中では家事に含まれる料理は、自分の仕事には入っておられないのでしょう。なかなか勢いのある方ですので、料理のことを申し上げても、私の言葉に耳を傾けてくれる可能性は少ないと思います。

妻から見れば、足下がぐらついているのに、何を夢みたいなことをしているのかと思っておられるかもしれません。妻には、理解できないでしょうが、とにかく、夫にしてみれば、仕事を終えても、まだ、現役を目指しているのだから、それでよしと考えておられるのかもしれないわけです。

70代前半　男性

自分たち夫婦の金銭管理をやらねばならない上に、妻の身内が認知症になってきて、その人の金銭管理までやらねばならなくなってきた。大変だ。

夫婦の金銭管理もしているが

もちろん、女性が金銭管理をされている場合もありますが、多くの男性は、金銭管理をやられています。それも大きなお金の流れを把握して、その流れを管理しておられるわけです。確かに、細かな日常の金銭管理も大切で、その積み重ねこそ、もっとも重要なものですが、全体を把握して、それを適切に管理することも大切です。その視点からみると、日常の節約や金銭の支出に気を配らなければだめだと意識しておく必要があるわけです。この方のように、自分たちの金銭管理だけでも大変ですのに、誰もやってくれる人がいないという理由で、自分の妻の身内の金銭管理までやってあげなければならなくなっておられ、ほんとうに、大変だと思います。子や兄弟が少ない人が多くなっており、以前では考えられなかったような状況で、頼ることができる人に集中していろいろな問題が持ち込まれてしまうことになっているようです。やむなく、人の金銭管理までやってあげているわけで、自分たちの分だけでも、大変なのに、その苦労は相当なものと推測いたします。お金のことは、日常の些細なことから、もっと大きな問題まで、ずっとついて回る問題です。

とくに、退職後は、年金を中心とした一定の額しか収入がなくなります。収入は決まっていますので、あとは、支出を何とかするしかなく、厳しい管理が必要だと考えられるかもしれません。一番、よくうかがう話は、それがいつまでという期限を切れる話ではないということです。一生、続くわけですから、今、少し余裕があるからといって、そうたやすくお金を使えないという事情もあるわけです。この今あるお金をどう使うかという問題は、どなたにとっても、大切なことで、なおかつ、非常に判断のむずかしい問題です。なにせ、自分たちの命はどのくらい続くかわかりません。それに、家の維持や車など、大きな出費もある程度、必ずあるといえます。時には、旅行も行きたいでしょうし、冠婚葬祭にも費用はつきものです。つまり、予想ができないことがたくさんありすぎて、何も支出できなくなってしまいます。それでは、ここはとにかく我慢して使わないようにするか、そのときはそのときで何とかなると考えてある程度出費するか、という判断はいつも悩ましいものです。この金銭管理を担っているのは、多くは夫ですが、重要な仕事のわりにはなかなか目立たないようです。

いまさら料理はつくれない

60代後半　男性

ずっと家内が食事をつくってくれている。ありがたいと思うが口にはなかなか出せない。せめて出されたものをしっかり食べるようにしている。

70代後半　男性

昔は男子厨房に入らずといわれて育ってきたので、台所には立たない。台所に立つと邪魔と言われる。また、食べるものに文句を言えば、「あんた、つくり」と言われるから、絶対に言わない。

男子厨房に立たずの教育を受けた

昔は、厨房は女性の領域だから、男性は入るべからずといった教育がなされた時があったそうです。おそらく、それは今のように長寿になる前の時代のものではないでしょうか。男性の人生が短かった時代には、あっという間にあちらに逝かれたわけですから、厨房に立つ暇がありませんでした。しかし、今の時代は、男女とも、非常に長い人生が残っています。まったく元気で長生きされるのでしたら、何も問題はありませんが、あちこちに故障箇所が出来てきて、それをがまんしながら、何とか生きていくのが一般的な流れです。前著でも触れましたが、若い世代の困窮を考えると、若い世代の支援を仰ぐことは期待できませんから、夫婦で、お互いに支え合わなければやっていけないわけです。昔とはかなり状況が変わってきています。今は、このようなことを言っている場合ではないわけです。

もし、夫自身の力で、自分の命を支えることができなければ、普段支えてくれている人が、急にけがや病気になられたとき、不平不満の渦の中で、わけのわからないようなものを食べながら、徐々に体がむしばまれていく状況に甘んじなければなりません。しかも、おそらくそのような状況でも、今の医療を受ければ、そう簡単にあちらに逝くことはできません。ずっと長く苦しい毎日が続くことになりかねないわけです。年齢を重ねた体では、一度、能力が低下しますとその回復には時間がかかってしまいます。ですから、できるだけ身体能力を低下させないように暮らす必要があるわけです。

70代前半　男性
なんでもコンを詰める。オーディオセットなどは、一から分解してつくり直す。うまくいかないときもあるが、つくり直したオーディオがうまく音を出すようになったら、気分は最高だ。自分はこんなことばかりやっているが、家事は一切しない。毎度、食事をつくってくれている妻に、感謝の気持ちはあるが、口には出さない。

70代後半　男性
毎日、畑仕事のことをずっと考えている。実際、畑をやっているときは何もかも忘れている。三度の食事は妻がつくってくれている。いつも感謝しているが、口には出さない。

70代後半　男性
ネットはやらないが、テレビとパソコンゲーム（麻雀、トランプ）に熱中して、妻の声も聞き損じては、毎日、妻から怒られている。会社をやめてから、7、8年間、ずっとこの状態だ。妻には感謝しているが、食事のときも、ありがとうやごちそうさまなどは言わない。妻の世話がなければ、ごはんが食べられないことは、しっかりとわかっているが、ずっとこのままで何も言わずに暮らしていたい。

この方々のお話をうかがっていて、完全に現役時代のパターンから抜け出しておられないことがわかります。男性は、いつもこうでなければならないという思いまでありそうです。この方々の脳裏には、生涯現役という文字が浮かんでいるのかもしれません。

ということは、退職して自宅に24時間いるようになっても、自分独自の世界に住まれている方にとっては、あまり周囲に気配りする習慣が残っていないということになります。ここでも現役時代の生活パターンが生きています。いつものように美しく清潔になった衣類が準備され、お部屋もきれいに片づいていることが当たり前のように感じておられることもありうることです。

アンケートをとっていて、よく聞く話に、あんなに毎日、世話をしているのに、夫は、私をどう思っているかわからない、ほんとうに何の感謝の気持ちも持っていないのではないかという疑問があります。とくに食事は大切です。一体、何を食べて生きていくのか、自分が食べたいものを自分でつくり、おいしいものを食べるために努力をはらいます。ここに登場されている男性陣は、食べる楽しみをすべて妻に預けてしまい、ほんとうに自分が食べたいものを食べられなくても文句を言わない訓練をされているかのようにみえます。

しかし、さすがに厳しい仕事をやり抜いてこられた男性陣ですので、それが自然に準備されているなどとは思っておられません。当然、奥さんがしっかりとやってくれていることをご存知なのです。

70代後半　男性

午後4時から酒を飲む。焼酎2・5合。家事は一切しない。おじやをつくったり、さつまいもを蒸すことはできるので、もしものときは、それで凌ごうと思っている。独学で英語をやっている。三度の食事をつくってくれている妻に感謝はしているが、何も言わない。

70代後半　男性

最近、自分も年をとってきたので、夜、食器洗いや拭き掃除を手つだうようになり、つい、

「ありがとう」と言うようになってしまった。妻が料理するのは当然と思っていたが、ありがとうと言ってしまってから、気恥ずかしい思いがする。気が弱くなった、年をとったと思う。

言葉で「ありがとう」とは言えない

アンケートを通じて男性から聞く話では、長年連れ添った夫婦ですから、いちいち口に出して言わなくてもわかっているはずと言われます。しかし、実際には、なかなかその気持ちは妻には伝わっていないわけです。夫の意識の中には、妻に対して、しっかりとした感謝の気持ちを持っておられるのに、妻には、夫の感謝が伝わっていません。実際の言葉や、態度が、相手の心に伝えるもっとも重要な手段であるように、人は、実際に体験しなければ、信じないわけです。ですから、妻の不満も当然ということになります。

また、男はそんなことは言わないものだとか、恥ずかしくてとても言えないとか、口にだそうと思ってもなかなか口からは出ない、とも言われます。これは、日本男児としての意地が関係しているのかもしれません。晩年に至るまで意地を張っておれば、格好がよいかもしれませんが、今のところ、誰も老いとの戦いに勝った人はいません。これは後に詳しく述べますが、最後は、どうしてもふたりで力を合わせて老いと戦わなければならない局面が控えています。もうそろそろ、意地を張るのをやめて、ありがとうと感謝の気持ちを口に出して欲しいと思います。

では、ほんとうのところは、夫の頭の中に家事がどのような形で認識されているのでしょうか。アンケートにいろいろお答えいただきながら、やはり、本当の気持ちをおうかがいできる機会は非常に少ないと感じます。男性は、あまり本心を伝えてくれないわけですが、ある方は、奥さんが毎日食事をつくってくれていることに対して、どう思われていますかという問いかけに、急に驚いたように少し考え、「もちろん感謝しています」という返事をくださいます。そこで、「今の質問がなければ、そのことに気づいておられなかったのでしょうか」とたたみかけますと、ゆっくりとうなずかれます。その方の意識の中には、家事という項目は入っていなかったのです。50年間近くに及ぶ仕事人生の中で、家事は、完全に心の中、つまりこの方の意識の中からは消し去られていたということが想像できます。悪気はなかったのです。

一方、妻の方は違います。頭の中で、仕事に家事がしっかりと組み込まれています。スタート時点から違っているということです。夫が退職されて、いろいろな残務整理をしているときは、他のことに気をとられがちになると思います。ですから、家事に対する認識の違いを埋めるように意識が働くかどうかはわかりません。つまり、夫の退職時に、まさに、この差を埋めることができるかどうかが、長い老後の快適性を決定づけるものだと考えます。
　別に奥さんを退職後もこき使おうとか、自分だけ楽をしてのんびり暮らそうとされているわけではないのです。家事をするという意識が消えてなくなっているわけですから、まったく、悪意はないということです。もちろん、悪意がないから、より悪いということもいえるかもしれませんが、男性にも事情はあることをご理解いただきたいと思います。

生きがいを見つけたから大丈夫

80代前半　男性
ひとり暮らしだが、朝起きて、夜寝るまで、三度の食事をつくっては食べて片付けをし、掃除や洗濯、買い物をすべて自分でやっていると、それほどのんびりする時間は残らない。あまりテレビも見ず、新聞を少し読んでいるだけで、一日はあっという間に過ぎる。

70代前半　男性
新聞1時間半、好きな音楽を聴くのに1時間使い、部屋の掃除や散歩をしていたら、テレビを見なくても一日は終わる。

70代後半　男性
仕事がなくなったら、何もやることがないので、家事でも手伝わないと、体調が狂ってしまう。さすがに、料理はできないが、日常のリズムがおかしくなると体の具合も悪くなるから、自分のためにやっている。

80代後半　男性
退職して10年、できるだけ妻にばかり家事を任さずに、自分で何でもやろうとしてきた。そうすると、生活にメリハリがきいて、とても満足している。何でもやろうとすることがよかったのだと思う。

メリハリと達成感のある暮らし

一日の営みを終え、自分や家族に必要な家事を終えると、その達成感は、非常に大きなものとなり、その人の心をいやすものとなります。やりがいとは、辞書には「そのことをするだけの価値と、それにともなう気持ちの張り」とあります。そのような意味では、仕事は経済的な面からも重要な意味を持つものであり、理想的なものでしたが、退職後は、年齢とともに心身が衰えていくわけで、そう簡単にやりがいのあることが見つかるわけがありません。新聞を読みたくても、すぐに目が疲れます。どこかに行きたくても、足腰の調子で、行った先で動けなくなったらどうしようかと悩むわけです。ですから、その人ができる範囲で探すのですから、そう簡単に気持ちの張りを見いだせるほどのものを見つけられないのも当然です。

しかし、その中でもひとり暮らしの方々は、自分ですべてをこなさなければなりませんから、あまり余裕の時間はありません。すべて自分でやっているとせいぜい一日5、6時間くらいしか自由に使える余裕がないとおっしゃいます。それを、ゆっくりと新聞を読んだり、音楽を聴いておられたりすると、あっという間に一日が終わると言われるのです。ふたり暮らしの男性も、同様に、家事を手伝うことによって体調を整えるとおっしゃる方もおられるように、家事は毎日のリズムを整えてくれる効果があるのかもしれません。それに気づかれた方は、満足しながら日常を暮らされているように思えます。

年齢を重ねると、一度捨て去った機能を、そう簡単には回復してくれません。ひとり暮らしをするようになった男性で、やむなくやり始めた家事をやっていると、心身によい影響があるとおっしゃいます。ふたり暮らしでも同様で、人間、何か意味のあることをやって、それを達成されて充実感を得るわけですが、もっとも意味のあることは、自らの体を維持する活動だと思います。これを、奥さんに渡してしまっては、自らの大切な生きがいを捨ててしまうことになりかねません。家事は、自分でやることで、何より意味のある仕事となるのです。禅宗では、あらゆる生命維持活動を、修行と捉えているようです。私は宗教家ではありませんが、やはり、生命を維持する活動は、特別な意味を持つものであり、それを、衰えていく自らの体を使いながら、できるだけこなしていこうとすることは大変大きな意義を持つものなのでしょう。

しかし、退職後の夫に、なかなかこのような気持ちになってもらうことはむずかしいのかもしれません。

3章
夫婦はふたりで
老いと戦う

相手の不安、自分の不安が交差する

いままでに、夫婦双方の意見をうかがって参りましたが、夫婦それぞれに強い思いがあることがわかります。そのため、一度、ふたりの持つ世界が離れてしまうと、修復しようにも、相当むずかしい問題を含んでおり、そう簡単に解決がつきそうなものではなさそうです。双方の意見には、それぞれしっかりとした理屈があり、それらに優劣をつけることは、なかなかむずかしいことなのです。

今回のアンケート結果では、ふたり暮らしの満足度がばらつくことがわかっています。つまり、とても満足してふたり暮らしをされておられる人もいれば、大きな不満をかかえて暮らされているふたりもおられるということです。そのばらつきの原因のひとつに、長い人生の間につくられてきた考え方の違いや生き方の差があることは、いままでの説明で、おわかりいただけたと思います。そして、長い年月の間に、ふたりに大きな差が生まれてきているところに、夫の退職と同時に、ふたりが接触する時間が長くなり、その上、個人で楽しむことができるものが増えてきましたから、問題が大きくなってしまうと理解されます。

しかし、この人生観の違いと接触時間の増大だけで、夫婦老後がここまで悪化してしまうのでしょうか。何か他に影響を与えるような要素があるのではないでしょうか。若い頃ならいざ知らず、そうこうしている内に、夫婦の暮らしの中に、かならず、老いとの戦いが入ってきます。老いとの戦いは熾烈です。病気やけがは容赦なく向こうからやってきます。ふたりで暮らしているのですから、確率的には、どちらかの具合が悪くなり、もうひとりがそれを支援するという形になることが多いと思います。この老いとの戦いが、ふたりの間に入り込んできて、問題をより複雑にさせているのではないでしょうか。

アンケートのお答えを頂戴しておりまして、いつも、耳にはいる言葉に、「もう私も年だから」というものがあります。60歳を過ぎてきますと、常に、年齢的な意識が頭に浮かぶようになってきます。そして、実際に些細なことで、心身に老いを感じるようになってきますと、最後には、片時も、忘れることができない状態になってしまいます。今の60歳以上の方々は、外見上も若く見え、とてもお元気そうですが、話をうかがいますと、やはり、さまざまな問題を抱えながら過ごしておられることがわかります。つまり、常に年齢を意識されて暮らしておられるわけです。

そうなりますと、いつまで自分の体が、自由に動ける状態を続けることができるのだろうか、大きな病気になってしまわないだろうか、など、多くの不安と常につきあわなければならなくなります。つまり、自分には自由に動くことができる時間が残り少ないのではないかという意識が働いてしまうわけです。そうしますと、その自由に動ける間に、いままでやりたかったことをやりたいと思うのが人情です。それができないとき、大きな不満の原因となってしまうわけです。つまり、ご自身の年齢的な衰えや将来への不安、さらには、老いとの戦いに対する危機感、そして、他の家族を支えなければならないという義務感などが、複雑に入り混じり、なんとも表現できない気持ちになられていることが、ふたりの間の問題をより複雑にさせていると考えられます。

夫も妻も長生きする時代では、夫婦で老いと戦う時間が長くなっています。以前ですと、夫だけが老いとの戦いに巻き込まれる場合が多かったのですが、夫に加えて、妻も老いとの戦いに巻き込まれる場合も多くなってきました。ですから、両者とも老いと戦いながら、長い老後を暮らすこともありえるわけです。この部分の苦労話を教えていただかないと、ふたりの老後を快適にさせる秘訣を見つけ出すことができないということです。そこで、ふたり暮らしのご夫婦が、どのように老いとの戦いをなさっておられるか、そして、それを踏まえて、どうすればうまく暮らすことができるか、ということについて考えてみたいと思います。

片方が先に逝ってしまうから

70代前半　女性

朝、いってきますと言って出ていった夫が、仕事中に事故で亡くなったという知らせを受けた。ただ呆然とするばかりで、何もする気も起こらない。

70代後半　女性

少し体調が悪そうだったが、夫は、近くに住む親戚の家に出かけていった。それを見送ったのが、最後となった。バスに乗っているときに、心臓の発作を起こし、亡くなった。なぜ、自分はあのとき引き留めなかったのかと悔やまれる。

あっという間にひとり

妻が夫の介護に苦労されることもなく、夫があっという間に逝かれた場合、妻の落胆は、想像を絶するものがあります。突然の悲報に、妻は我を見失ったとおっしゃいます。普段、少々くせのある夫であったかもしれませんが、そのようなことは一切おっしゃらず、ただただ悲嘆にくれておられるのです。長年連れ添った夫婦のひとりが、相手に何も告げずに、いきなりあちらに逝ってしまわれると、妻は夫の存在をあらためて認識しておられるようにも感じます。やはり、ひとりになるには、心の準備期間が必要なのかもしれません。

ふたり暮らしは、ひとりになる準備期間だと考えることができるかもしれません。もし、そう考えるなら、ふたりで暮らしているときに、普段から心の準備をしておけばよいわけですが、そんなに簡単にできることではありません。第一、ふたりで楽しくやろうとしているときに、ひとりになることを考えるのもおかしな話です。ですから、急にひとりになってしまうようなことがあれば、なんとかするしかないと覚悟しておくべきなのかもしれません。

このように多くの方々から、ふたり暮らしにおける老いとの戦いぶりをうかがっていますと、また、ひとり暮らしとは異なった苦労があることに気づきます。ふたりは、ほぼ同じ世代に属する人ですから、老いとの戦いもそれほど差は出にくいといえます。つまり、同じ目線で、話ができるわけで、貴重な戦友だといえると思います。ですから、ふたりで暮らすがゆえに、多くの苦労はありますが、やっぱり、ふたりで暮らしている方が、ひとりで何もかもやらねばならないひとり暮らしより、よりよい環境で暮らしておられるのではないかと感じます。それなのに、なぜ、全体でみますとふたり暮らしをされている方々の方が、日常生活の満足度が低くなってしまうのでしょうか。夫婦の仲は複雑です。まだわからないことばかりで、昔もそうだったのかもしれませんが、今の時代は、ふたりで暮らしていくことにはかなりの苦労があるのかもしれません。

70代前半　女性
ある日、自転車で転倒してしまった。そのけがで約2週間の入院をしたが、その間に、夫はいつもと違うものを食べ続けたためか、10日後に心筋梗塞で急逝した。

70代後半　女性
夫婦ふたりだけの暮らしだが、自分は、2週間の予定で、検査のための入院をした。すると、夫は好きなだけ外食してしまったのか、入院10日目に心臓病で亡くなったとの知らせを病室で受けた。

70代前半　男性
20日前に妻が糖尿病の検査のために入院をした。自分は一切料理をしないので、出前ばかりを注文して食べていたら、夜中に、急に鼻から出血して止まらなくなった。

自立することがリスクを減らす

寿命は延びました。女性だけでなく、男性も長生きになってきているのです。老いとの戦いは、男女とも平等です。確かに、女性は男性より7年ほど平均寿命も長いわけで、普通は、夫の方が先に具合が悪くなる場合が多いと考えられます。しかし、こればかりはわかりません。妻が病気で夫がそれを支える場合もあるわけです。どちらかが具合が悪くなれば、もうひとりが支えておられる例は多くあり、このようなご夫婦は強いわけです。

男性も女性も、昔は役割を分担して、比較的短い人生を、効率良く生きようとしておられたのかもしれませんが、これからは、それぞれが長い人生を持っています。医学は発達していますから、徐々に身体能力が低下することを受け入れながらも、結構、長い期間を生きていくことになります。そのようなとき、ふたりで暮らされている方々は、なんとか、ふたり力を合わせて、長い人生を乗り越えていけば、これにこしたことはありません。

年齢を重ねた体は、一度、使わないでおいた能力は、すぐに完全に消し去ってしまいます。老いとの戦いでは、何事も自分自身でやろうとしておかなければ、体がいうことを聞かなくなってしまうわけです。しかも、その能力が、自分自身が生きていくために必須のものである場合は、その影響は深刻です。ですから、最低限度、自らの命をつなげる能力は、自分自身で使い続けておかなければならないのです。そうすることが、その人の能力を低下させずに、一日でも長くその人の意思を尊重して暮らすことができる可能性を高めます。

たとえ奥さんといえども、頼ってはいけないのです。すべて自分自身のためなのです。若い頃は仕事もあり、家事を手伝うことは到底できなかったのかもしれませんが、退職した後は、何でも自分自身のことは、自分でやろうとすることが、自らのために必要なことなのです。つまり、自分のための戦いです。

この考え方こそ、これから述べたい対応策の根幹をなす考え方です。

長寿になった今、私たちは、全員が自立して自らの生命を維持できる能力を持たなければなりません。そうしなければ、家族を支える人に何かあった場合、もうひとりの人の生命も脅かされかねないわけです。

極端な話ですが、今までの多くの夫は、妻に依存して生きてこられたわけですが、そうすれば、夫はふたり分のリスクを背負うことになるわけです。つまり、妻は自立していますから、自分のリスクだけですが、夫は、自分自身のリスクと妻のリスクの両方を背負う結果となるわけです。それでは、夫の天寿を全うできる可能性は少なくなります。ひと思いにあちらに逝ければよろしいですが、医学も進歩してきていますから、そう簡単にあちらに逝くことができずに、苦しむ期間が長くなることすらあるかもしれません。もちろん、しっかりと自立されていても、同じ結果が待っているかもしれないわけです。確率の問題となりますが、少しでも平和に暮らせる可能性の高い道を進むべきだと考えます。

築き上げたそれぞれの世界

80代後半　男性
退職後、家事は一切手伝わずに、ゴルフで鍛えた体で、いろいろな運動をしてきた。ゴルフも達人の域に達したが、3年前に軽い脳卒中になり、左半身がしびれるようになってしまった。それで、ずっと自宅でテレビも見ずに寝てばかりになった。自宅で、やさしい妻の世話になっているが、ずっと気分が落ち着かない。

70代後半　男性
ちょっとした失敗で、財産を失ってしまった。今、残されているのは、生命保険だけだが、自分が70代で死ななければ、保険料は減額されてしまう。少しでも子供たちに遺産を残してあげたいので、70代のうちに死ぬつもりだ。

70代前半　男性
考えると気分が滅入るので、将来のことなど、ややこしいことは考えないようにしている。その日その日をしっかりと生きることだけ考えている。

80代前半　男性
3年に一度の同窓会を楽しみにしているが、今度ある同窓会が最後かもしれない。集まれる友達は、もう3人しかいなくなった。

過去の世界にこだわり続けると

長い人生には、いろいろなことがあったはずです。学生時代の自分自身や仕事を始めた頃の失敗、うれしかったことやいやだったこと、いろいろな人々との出会いもあったはずです。年齢を重ねてきますと、それらのことが頭の中で、走馬灯のごとく巡り、ぼんやりする時も、思い出すこともあるのではないでしょうか。そして、その上で、しっかりと自らの行く末を見据えて、一日一日を大切に生きていくという姿勢が、やはり多くの方々からうかがった最もよい暮らし方のような気がします。たとえば、エンディングノートを書こうとするだけで、自分自身の人生を見つめ直すきっかけにもなりますが、そうすることで、何かまた別の領域で、自らの存在意義を見いだせるような気がします。

多くの夫には、生活を支えているという自負があります。人生は戦いです。その戦いの中で、自らがよいと信じる流儀で、仕事をこなし、いろいろな活動に参加し、多くの人々とのつきあいもこなしてこられて、生き残ってきたわけです。その結果、現在の自分たちが存在しえるという思いがあるのです。それを仕事が完了したからといって、急に変更することはないと思います。

今では老後も長くなりましたので、老いとの戦いがまだ始まらない時期は、自らの力を頼りに、さまざまなスポーツや活動をなさりながら、体によいことをして、楽しく過ごされればよろしいのではないでしょうか。しかし、遅かれ早かれ、いつかは老いとの戦いが始まります。人生における戦いでの最終戦が始まるわけです。

いくら発達した医学の恩恵にあずかっても、本格的な老いとの戦いでは、どうしても、自宅でずっと静養するしかなくなるときもあるかもしれません。そのようなとき、今までが、活発に活動されておられただけに、その不満感は強く、なかなか心が安定しません。食べることだけが、楽しみとなってしまいますが、それも糖尿病になったり、腎臓を痛めたりして、好きなものを食べることができなくなっていきます。それでも、頭はしっかりされておられる場合は、いろいろと無理な要求も出てくるわけです。自らの身体能力の低下が、外界での活動ができないくらいにまで進んでしまうと、後は不満と不平だけが残ってしまいます。このようなことを書いている私自身が、同様の状況に置かれてしまったら、果たして、どのようにするだろうかと考えてしまいます。このようなことは誰にでも起こりうることなのです。

このような方は、テレビなど見ていても、まったく興味がないとおっしゃいます。外で華々しくご活躍してこられた人ですから、テレビを通して他人の活躍を見てもしかたがなく、今の自分の状況を考えると、見たくないと思われるのかもしれません。それだけに、心中は穏やかならずと言えます。周囲におられるご家族もそのことはわかっておられるだけに、いろいろ支援しようとされますが、とてもご本人の満足感を引き出すには至りません。これが、人生の終焉に近いことを示していることを、ご本人も周囲のご家族も知っておられますが、誰も口に出すことはできず、それがいつまで続くのかも、まったくわからない状態が続くわけです。

男性が自らの世界を持ち続けようとされることは、まったく問題のないことだと思います。それ自体、むしろ推奨されるべきだといえるかもしれません。では、何が老いとの戦いで、必要となるのでしょうか。

80代後半　女性
終戦時に北京にいるとき、父を最後の徴兵で亡くし、ひとりぼっちになった。若い娘がひとりでは、生きて日本に帰れないといわれ、一度も会っていない男性と無理矢理結婚させられた。なんとか生きて帰ってきた日本も、焼け野原であり、一から今日を築いてきた。幸いにも、娘3人に恵まれ、今は、娘や孫と行き来しながら幸せな生活に感謝している。

70代前半　女性
夫を支えながら、ずっと育児と仕事をやってきた。今は体の調子も今ひとつだが、そのとき、仕事を通じて培ってきた仕事のやり方を今の生活にも応用して、うまく暮らしているつもりだ。

80代後半　女性
80歳まで毎日身を粉にして働いてきた。体を動かすことは平気だ。また、毎日、まったく同じものを食べても平気だ。今の若い人は、働くことに生きがいとかやりがいを求めると聞くが、そんなものは、昔はなかった。生きるために働いたのであり、ご飯を食べるために働いただけだ。そのお陰で、今、私は丈夫で元気に過ごせていると思う。

長い人生で得られた自負

男性に勝るとも劣らぬ凄まじい女性の人生といえます。最初の例の方は、まさに、厳しい環境の中から、なんとか、死地を脱して、生き残り、暮らしを立て直して生き抜いてこられました。もちろん、この方のように、まるでドラマの世界のような人生を送ってこられなくても、働く夫を支え、自分自身も仕事をしながら、人によっては育児もこなされながら、あっという間に定年の時をむかえている自分自身に驚いておられる人もいます。その間に、さまざまな問題にぶつかり、いろいろな経験を積みながら、徐々に自分なりのやり方をつくり上げてこられたわけです。男性の視点と女性の視点は、かなり違うことが考えられますが、それぞれの立場で、一番、うまくいく方法を会得されていかれるのだと思われます。女性は、たとえ、仕事をされておられなかったとしても、多くの人とのネットワークに参加されており、いろいろな経験を積んできておられます。その他にもやるべき多くのことがあり、その一部に、家事があるだけであり、別に家事だけをやって暮らしてこられたわけではありません。女性にも、完璧な自分自身の世界があるわけです。

今の時代は、その人本来が持つものを大切にする方向へと向かってきているかのようです。それに、ちょうど情報化の流れが合致して、個々の世界を強化して自らの快適世界へ住み込んでいかれる人もおられるわけです。自分自身のための人生は、60歳以上の方々にもありますが、今の若い世代では、もっとはっきりとした形になってきているように見えます。もちろん、自分自身の世界をつくり上げるには、相当な経験と時間が必要になります。ですから、アンケートのご回答をいただいていて、どのような世界が自分にとって快適と感じることができるかがわかるには、長い人生を歩んでこられてやっと到達するもので、そう簡単にわかるわけではないことを教えていただいているような気がいたします。

とにかく、男性も凄まじい人生を歩まれてきたかもしれませんが、女性も半端ではありません。まさに艱難辛苦を乗り越えて生きてこられたわけです。ドラマのような人生でなくても、一見、平和に生きてこられた人におかれても、長年生きてくるということは並大抵の苦労ではありません。ですから、すべての女性には、激しい人生での戦いを乗り越えてこられた自負があるものと思います。このような妻たちは、老いとの戦いにおいても強いです。少々の苦難にもへこたれません。もともとある強さがどのような困難にも立ち向かうだけの気力を与えているかのごとくであります。

頼り、頼られるバランスが大切

60代後半　男性

腎機能が落ちてきてカリウムの制限食が必要となってきている。しかし、食事はすべて妻につくってもらって、それを食べているだけだ。妻には、もちろん、感謝しているが、感謝の言葉はまったく口には出さない。それどころか、口ではボロクソに言ってしまうことすらある。後で反省する。

70代前半　女性

夫は、病気をするまでは運動に行ったりしていたが、その後は、ずっとテレビばかり見ている。食事のときだけ、下りてくるだけ。話しかけても返事をしない。食事療法が必要な体だが、食事だけでなく、身の周りの世話は一切、私がやってあげている。

妻の助力にも限界がある

大きな病気になられ、食事療法が必要となってきたにもかかわらず、食事は、一切妻まかせで、自分では何も手伝われない方々がおられます。しかも、非常にしっかりと対外的に活躍され、さまざまな活動に従事しておられても、自分自身の体に直接かかわる大切な食事や生活習慣の改善などは、まったく妻まかせで、自分では何もされない方が多くおられるのです。

これらの方々は、自分自身に老いとの戦いが始まってきていることは自覚しておられますが、そのために、自分で何かをやろうとか、生活習慣を変えようとするような行動には結びつきません。それは、まるで老いとの戦いを考えないでおこうと、ことさら努力されているかのごとくです。

しかし、そのようなことをすれば、確実に、自分自身の体は、むしばまれていき、日常生活に大きな制約がかかってしまうような透析療法などの療養生活が待っているわけです。おそらく、そのようになられても、妻の一方的な支援を期待しておられるのかもしれませんが、やはり、いくら妻にやってあげようという気持ちがあっても、妻にもさまざまな理由で、どうしても支援できなくなることはありえるわけで、この方の希望通りになるかどうかまではわからないのです。

80代前半　女性

若い時は夫に合わせることができたが、年をとると夫に合わせることがつらい。そのために、1泊2日の旅行にも行かない。各自まったく別々のところに行くと気分が楽である。

相手に合わせられなくなる

徐々に自らの老いと戦わなければならなくなってくると、さすがに愛する夫のために、自分の思いを殺してつきあってあげることはできなくなっていきます。誰しも、正直にいえば、人生は自分のものなのです。それを、添い遂げるためにふたりで暮らしていくとしても、老いを感じるとき、本来の自らの思いを大切にしたいという気持ちが出てくるのは当然ではないでしょうか。とはいえ、普段は夫を支えるようにしておられますから、それほど強く自らを主張しておられるわけではありません。自分自身の気持ちに素直になるときもあれば、夫に合わせるときもあるというふうに、うまくつきあっておられる姿が浮かびます。老いを考えると、誰しもこのような気持ちになるのかもしれません。

60代後半　女性

夫は、自分の着る服や髪型まですべて指示する人であった。それも、一日の予定からこと細かなことまで、すべて夫が決めるという生活を40年以上続けてきたが、数年前に夫が先立ってしまった。そしたら、自分では何をするのもどうすればよいかわからないので困っている。いつの間にか自分で判断できない人間になってしまっていたことに気づいた。

70代前半　女性
友達に、おしどり夫婦がいたが、ご主人が急逝され、その後、友達はとても落胆し、食事もあまり食べずに病気になって後を追うように亡くなってしまった。

夫に従い続けた結果は

1章で説明させていただきましたように、夫の細かな指示に、大変ご立腹しておられる妻は多いですが、この方のように、立腹する代わりに、すべて夫の指示に従い続けた人もおられます。しかし、いくら頼りがいのある夫を持っているからといって、すべて何もかも夫に頼ってしまって、自分で判断しない生活を何十年も続けていますと、もし、夫が先立つようなことがあれば大変なことになります。自分では何も判断できなくなっているわけですから、どんな些細なことでも、自分では決定できません。すべて離れて暮らす家族に聞かなければならなくなるわけで、困っておられます。そして、たとえ、ひとりになってから、そのことに気づいても、若い頃と違って、状況の変化に臨機応変に対応できずに、なかなか自分で判断できるようになれないわけです。そうしますと、ほんとに些細なことまで、お子さんにお聞きになっているという状態が続いています。今の現役世代は多忙ですから、子も大変になってしまうということになります。

また、あまりに夫婦の仲がよすぎるのも気をつける必要があります。ひとりになることを考えて、距離を置くというようなことは必要ないと思いますが、やはり、ひとりになる心づもりだけでもしておく必要があるのではないでしょうか。このような、老いとの戦いで注意しなければならないことは、何も夫に限った話ではないのです。妻も、夫に先立たれた場合も考えておく必要があるのかもしれません。

とくに、自らが生きていくために必須の能力で、急には対応できにくいものは、くれぐれも低下させてしまわれないように、普段から心がけておいて欲しいものです。ここでも、老いとの戦いを意識すれば、夫婦は、それぞれが独立して考える習慣を身につけておくことが必要だということがわかります。

けんかしても、ふたりしかいない

60代後半　女性
あれほどけんかばかりして、早くあちらに逝けばよいと思っていた夫が、実際に逝ってしまうと、寂しい。

70代後半　女性
夫はなにもしていないと思っていたが、いざ亡くなってみると、あんなにたくさんのことをやっていたのだと驚いた。自分がやらねばならなくなって、はじめて夫の役割がわかったように思う。

70代前半　女性
夫が生きているときは、早く死ねと思っていたが、いざ死んでしまうと、寂しい。

いなくなると寂しい

今回のアンケートでは、長年連れ添ってこられたご夫婦の複雑な心境をおうかがいする機会が多くありました。夫婦の仲は複雑です。そう簡単に割り切れるような感情ではありません。アンケートの回答をいただいていて、感じることは、ご夫婦の場合、非常に満足されて過ごしておられる方と、まったくそうではない方との、ふたつのグループがあることはすでに述べましたが、最悪でまったく不満だらけだとおっしゃっておられた方でも、いざおひとりになられますと寂しいとおっしゃいます。ご夫婦が一緒に過ごす時間の長さは人間の人生と比較しても長いもので、他人の私が入り込むことができない世界があると感じます。実際、夫婦はたとえ両者とも仕事をやられ、まったく別々に経済的にも独立して暮らしてこられた場合でも、どこかで、かならず、それぞれの立場から、協力しあって生きてこられたわけです。そのひとりがいなくなれば、あんなことやこんなことをやってくれていたのかとか、こんな判断を下してくれていたのか、と自分では関与していない領域がたくさんあることに、あらためて気づかれる場合もあるのです。その方のお話では、いなくなって初めてありがたい存在だったのだということに気づいたと言われます。いつの時代も、批判することは簡単にできます。しかし、実際にやってみるのはまったく違った次元の困難さがあるということに気づかされることがよくあります。このように、長年連れ添った夫婦の間に存在するさまざまな感情を、当事者ではない者が、ほんのわずかお話をうかがうだけで、理解することなど、到底できないものだとつくづく思います。

80代後半　女性
夫婦ふたりで暮らしているが、夫とは常にけんかばかりやっている。近くに住む娘は認知症予防だからやりなさいという。あまりに腹が立つので、口もきかないが、1時間もするとまたしゃべる。向こうも「おまえの飯など食わない」と言いながら、料理をつくると、食べている。

80代後半　男性

夫婦で暮らすが、ふたりとも体のあちこちが悪くなってきた。花見の季節が来たので、妻を誘うが、腰痛のために行けない。それをなじると逆に自分が突っ込まれて謝らないといけなくなった。ふたりとも体はだめだが、口だけは達者だ。

ふたりとも口だけは達者

勢いのある奥さんです。もう私も年季が入っているのだから、夫には負けないとも言われます。ご主人も負けないくらい気合いの入った方のように思われますので、相当、激しいバトルが繰り広げられている毎日ではないかと推察いたします。そして、デイサービスにご主人が行かれるときだけが、休戦の時間になるそうで、これが両者にとって憩いの時間となっているそうです。

それでも、夫婦は夫婦です。けんかをされながら、一切口をきかないと言いながら、あっという間に会話を再開されているわけで、そのまま何日も口をきかなくなるご夫婦が多い中、非常にめずらしいケースではないかと思います。

やはり、どこかにご夫婦の生き方に重なるところがあるから、このように行動しておられるかもしれません。

とにかく、アンケートへの回答を多くの方々からいただいておりますと、ほんとうに、さまざまな話をうかがいます。夫婦の仲は、深遠です。他人があれこれ詮索しても、ほとんどわかっていないことが多いのではないでしょうか。そのような複雑なふたり老後に、それを快適にする簡単な方法など見つかるのでしょうか。あらためて、とてもむずかしいテーマに取り組んでいることを実感します。

60代後半　女性
夫と一緒に、腹の底から笑うようなことがあった。いままで、いろいろなことがあり、夫にさんざん腹を立てていたが、一気に気分がよくなった。

70代前半　女性
夫は、透析しながら、いろいろな病気を抱えている。徐々に体も不自由になり、何度も入退院を繰り返している。介護も必要になってきた。自分も大変だが、日常生活にあまり不満はない。なぜなら、夫は冗談が好きで、いつもばかなことばかり言っている。病院でも人気者だ。

70代後半　女性
人生、あといくら残っているかわからないが、いろいろ悩んでも仕方がないと思えるようになって、気が楽になった。くだらない話をして笑うのがよい。

ふたりで腹の底から笑えば

長い年月を連れ添ってこられた夫婦の思いは、複雑です。そこには、さまざまな感情が入り乱れ、とても言葉では言い表すことができないくらい複雑な気持ちになっておられます。ところが、アンケートをとらせていただいていて、よく聞く話は、笑いがとてもよい効果を示すときがあるということです。夫婦の間に、ひとときの安らぎをもたらすものは、笑いだったのです。非常に厳しい環境があるにもかかわらず、結構、仲のよい夫婦がおられます。詳しくおうかがいしますと、ときどきデイサービスを利用されて、夫が不在になり、息抜きができるということと、食事の世話は、制限がかかっている手間の必要な食事を準備しなければならないため、普通より時間も労力も必要となりますが、よく冗談を言う夫の性格が、夫婦仲を比較的良好に保つ効果があるようで、妻からの厳しい不満は聞かれません。このような背景には、この笑いがあるのかもしれません。ときには、非常に最悪の状況に置かれているにもかかわらず、夫が冗談を言われるので、妻は、その冗談についていけずに怒ってしまうということまであるのだそうですが、それでも、悪くない印象を持たれています。笑いは、周囲の人を和ませ、いつどのような状況であっても、気分を楽にさせる副作用のない妙薬だと思います。

50代前半　女性
同居の両親は、大げんかをよくする。そのときは、双方とも口もきかないと怒っているが、一カ月もしたら、一緒に旅行に行っている。

大げんかしても旅行はいっしょ

夫婦の仲は、まったくわかりません。それは、実の子にもまったくわからないもので、いちいち相手にしていたら、こちらの身が持たないともいわれます。よく考えれば、自分自身の考えも、ほんとうの意味で理解しているかというとあやしいもので、よくころころと考え方が変わってしまうわけですから、長年連れ添っておられる夫婦の仲を、一定の理屈で理解しようとすること自体不可能なことをやろうとしているだけです。それは、ただ単なる個人的なせめぎ合いではなく、自らの体の衰えやさまざまな不安、やりたいことが十分にできていないというらいらだちなど、ほんとうに多くのことが入り交じって、何かのきっかけで、夫婦間のけんかが勃発してしまうのでしょう。ぜひ、けがをされないようにして、おおいにけんかしていただいたら、少しは気分も晴れるかもしれません。

これは、確かめたわけではありませんから、間違っているかもしれませんが、旅行はできればふたりで行かれた方が何かと便利ですから、けんかが一段落ついたら、一緒に旅行にいける内に、でかけていかれるのがよいかもしれません。やはり、夫婦の仲は謎なわけで、これ以上、詮索してもあまり意味はないと考えます。

ふたりの強みは互いの存在

70代後半　女性

夫は、腎臓が弱く、心臓もよくないので、ずっと家にいて横になっている。幸い夫は、いつも同じものでかまわないと言ってくれるので、食事は10種類ほどを繰り返すだけである。かわいそうだが、炊事は助かる。満足度は100点満点で80点はある。

80代後半　男性

妻が認知症になってきた。自分も白内障の手術後、おもわしくなく体調が悪い。それにもかかわらず、満足度は80点ある。自分でもつくろうとすれば料理することができるが、妻が料理をつくるのを嫌がるようになってきているので、何とかおだてて、認知症の進行を遅らせるために料理をしてもらっている。妻の認知症がこれ以上進まぬように、苦労している。

70代後半　女性
夫婦ともに、体の具合が悪くなってきた。別に住んでいる子に相談するが、忙しそうで、あまり相談にのってはもらえない。やはり、子に迷惑をかけないようにがんばるしかないと思う。

老老介護も悪いことばかりではない

ある程度、年齢を重ねると誰しも、老いとの戦いが始まります。そんなことは当然であり、生きとし生けるものは、いつかは朽ちはてるわけですから、自然の流れと言えます。とにかく、年をとると、一つ問題が生じても、それが治らぬうちに、また別の問題が体に起こってきます。次々と起こっている難問に立ち向かいつつ、なんとか日々の暮らしを立てていかなければなりません。将来が見通せない不安と情けなさに、立ち尽くす思いは無理もないことだと思います。

よく老老介護は大変だといわれています。確かに、体は夫婦ともども徐々にいうことをきかなくなってきます。両方とも、痛いところだらけになっているわけですから、ひとりが、もうひとりを介護できるわけはありません。どうしても、ひとり暮らしで過ごす場合と同じように、ふたりとも苦しい状況に追いやられてしまいます。では、なぜ老老介護が、かならずしも悲惨だといえないのでしょうか。

ひとり暮らしで過ごされる場合は、同じ目線で相談する相手はおられません。すべて自分ひとりで判断し、決断をくださなければなりません。しかも、結論をくだしても、それほど、よい結果が待っているわけではないことがほとんどですから、心細く感じておられるわけです。ところが、老老介護では、お互いに厳しい状況に置かれていますから、同じ目線で物事を相談しながら判断していくことができます。体は自由がきかなくなっていても、話はできます。この相談できるという点が大きいのではないでしょうか。

いくら、心優しい子どもを持たれていても、世代が違えば、考え方も変わることは何度も述べています。もちろん、ふたりとも介護が必要な状況であることに変わりはありませんから、二重に大変だともいえますが、少なくとも同じ困難にぶつかっている者同士で、慰め合うことができるということは、ひとり暮らしよりは、ましなのではないでしょうか。

80代後半　女性

夫は、徐々に体が弱っていき、私が手をつないで家の周りを毎日歩くのを手伝ってあげる。食もあまり進まなくなったので、夫の好物であるごぼうの天ぷらを、いつも準備しておいて食べさせてあげている。しかし、先日、夫は亡くなってしまった。何もやることがなくなってしまい、食事も食べる気が起こらない。

80代前半　男性

妻が徐々に認知症になってきた。できるだけ、買い物に一緒に連れて行き、一生懸命におだてて、料理をしてもらうようにしている。しかし、できあがる料理は食べられないときもあるが、手直しして、なんとか一緒に食べている。

70代前半　女性

夫の世話に長年苦労した。やっと見送ったので、寂しい思いもあるが、見送ったという達成感とほっとした気持ちの両方を持っている。

夫婦はよき戦友である

妻が夫を十分に介護された場合は、夫が先立った後、ある種の達成感を持たれ、すぐに立ち直られることが多いですが、妻があまり苦労されずに、短期間に夫が先立たれたような場合には、疲労感も達成感もなく、妻の落胆が非常に大きいものになってしまいます。ですから、妻の側からみても、夫を苦労して介護し続けることが、必ずしも悪いことばかりではないといえます。しかし、妻がずっと夫の世話をなさり、自宅で看取られた場合に、すでにその時点で、妻も高齢となっておられた場合は、達成感というよりは、もう妻にはそれほど体力や気力は残されておらず、自由にふるまえるだけの余力がなくなってしまっています。妻としては多少達成感があっても、元気に再び活動を開始するというような状況ではないわけです。つまり、このような場合は、妻は、夫のためにすべてを捧げたといってもよいかもしれません。

ですから、夫は妻を大切にしなければならないわけです。このことを、多くの60歳以上の男性陣は忘れがちであるように見えます。確かに気力や体力が充実しているときは、よろしいのですが、人間はかならず衰えていきます。まったくひとりで暮らされている場合は、また、異なった対応になるわけですが、ふたりならば、かならず助かる面があるはずです。その大切な戦友を、普段から大事にしておかなければならないのです。

また、妻も人間ですから、先に、何か体の具合が悪くなることも当然あるわけです。そのときは、今度は夫が妻を助けるわけです。実際、妻の具合が悪くなり、夫が妻の面倒をずっとみておられる場合もたくさんあります。仕事をやっている頃は一切家事をされていなかった夫が、慣れない家事をすべてこなされ、妻を支えておられます。最近では、やっとそのリズムがわかってきたともおっしゃいます。妻が何もできなくなってくるわけですから、しかたがないことではありますが、夫も立派に家事をやっておられるわけです。

老いとの戦いは熾烈ですから、いろいろ癖のある戦友もいますが、老いという強力な敵との戦いでは、かけがえのない友であることに違いがありません。お互いに体が弱っていけば、当然、悲惨な状況に陥ります。片方が助けようとしても、なかなか助けてあげられない状況になってしまうこともあるでしょう。その場合でも、ひとり暮らしの人や同居家族の中で孤独感にさいなまれている人とは違って、慰め合う相手がいるのです。お互いの窮状を訴え合うことで、同じ立場でものを考え、同じように悩む相手がおられるわけです。これで、少しはストレスが発散できます。人間は、自分の悩みを口に出して誰かに話すことができれば、少しは気分が楽になります。若い世代に話しても、やはり世代が違うと、ものごとに対する受け止め方が異なります。真にわかってもらうことはむずかしいと思います。同じ目線でお互いに励まし合うことは、大きな力になってくれるはずなのです。

これらのことを考えれば、夫婦は老いという共通の敵との戦いに対する戦友であることに気づいて欲しいと思います。

最後は個人戦であることを覚悟する

70代前半　女性
夫はいろいろな病気を持っていて何カ所も病院に通わなければならない。毎日、食事の世話をして、自分が車を運転して通院に付き添っている。自分も年をとってくるのでいつまでも支え続けることはできないと夫に言うと、夫は黙って答えない。夫は、ちょっとでも酸素がはずれると息苦しくなるので、ずっと酸素を吸いながら、自宅で、じっとテレビを見ている。

70代前半　女性
少し前より夫のアルツハイマー病が進行してきている。最近では、日によってかなり記憶も定かでなくなってきて、症状が悪化してきている。デイサービスには行っているが、私ひとりで見守ることには限界があるため、ショートステイをさせるかどうか悩んでいる。

70代前半　女性
夫は肺の病気なのに、たばこをやめられない。難聴もあり、思うように聞き取れない。さすがに私の前でたばこを吸うことはなくなったが、言うことをきかない。心配するが、しかたがないことだと思う。

結局は「自分の死」なのだ

いかにやさしい妻が傍にいても、老いとの戦いは、基本的には個人戦です。団体戦はできない仕組みです。今の医学は発達していますので、夫ががんばる人ならば、何年もの間、がんばることができるようになってきましたが、徐々に体力は低下していく運命なのは、自分自身が一番よくご存じでしょう。妻が大変元気で、何でも支援してくれる人である場合は、介護を受ける側の夫は、非常に幸運です。しかし、介護を受ければ受けるほど、受ける側の体力は衰え、徐々に何もできなくなり、トイレすら自らの意思ではいけなくなっていくわけです。

できるだけ自分でやろうとしなければ、人間の体は弱ってしまうわけで、こればかりは、どうしようもないことです。たとえば、電動車いすを利用されたら、すぐに歩けなくなるといわれます。足を使わなくなると筋力が衰え、体を支えることもできなくなるからです。

また、リハビリテーションをする場合も、できるだけ、転倒事故にあわれないように、周囲にいていつでも支えてあげる態勢をとることはできても、直接、手を貸すことはだめだとされています。そのようなことをすれば、その人の筋力は弱り、リハビリテーションにならないわけです。このように、結局は、自分しかないわけです。

しかも、もし支援してくれている妻の身に何かあれば、手厚い支援は突然途切れてしまうことになるでしょう。そのような時は、夫は施設に入ると言われているそうですが、果たして、そこで妻からもらっているような温かい支援が得られるかどうかわかりません。施設に入るのをできるだけ遅らせるためにも、できるだけ妻の支援を仰がずに暮らそうとされることが、夫にとっては、ほんとうは一番よいことなのですが、それが、なかなかできない状況なのでしょう。

心身の能力が徐々に低下してきて、ほとんど自分ひとりでやれることが限られてきてしまって、長く生きていかれることが、ほんとうにその人にとって幸せであるかどうかという点では、むずかしい問題が横たわっています。果たして、老いの入り口で人々は、そこまで考えておられるのでしょうか。わかっていても、何もできないことだから、できるだけ何も考えないようにされているのでしょうか。

このような偉そうなことを書いている私自身も、自分がそのような立場になったならば、果たして、どのようにふるまうことができるか想像もつきません。しかし、遅かれ早かれ、そのときは必ずやってきます。ここで、少し認知症が入ってきてくれれば、それほど悩まずにあちらに逝けるかもしれませんが、認知症にはまったくならずに、あちらに逝くときが問題です。なにせ、頭はしっかりしているわけですから、自分の運命もよくわかるわけです。徐々に食欲が低下して、水しか受け付けなくなり、静かに眠るかのごとくあちらへと旅立つことができれば理想なのかもしれませんが、果たしてそのような気持ちになれるでしょうか。

とにかく、老いとの戦いでは、その人自身が自分の死について、どのように考えておられるかということが重要な役割を果たします。その方が、あまり考えないようにしておられれば、周囲に流されていくだけですので、それなりの経過をたどられるでしょうし、しっかりと見据えておられる場合は、また異なった経過を選択されることになるでしょう。要するに、その人自身がどのように自らの行く末を考えておられるかにかかっているわけです。

80代前半　女性
夫を長年介護して、見送ったが、もうそのときは、自分も体のあちこちに具合の悪いところが出てきて、旅行に行ったり、何かをしたりできる状態ではなくなっていた。

70代前半　女性
夫は、禁煙もできず、ずっと勝手きままな生活をしていたが、ある年齢になってからは、次々と病気を発症してきた。今では、在宅で酸素吸入をしながら、心臓病、腰の病気、腎臓病、前立腺の病気などの治療が必要な身になってしまったが、その夫を私が自宅で介護しなければならない。私も年齢とともに、腰痛や膝痛がでてきて、介護するのもむずかしくなってきた。

自分のための時間を切り分ける

老いとの戦いは、医学が進歩した時代では、相当長くなる可能性があります。いくら愛する夫のためとはいえ、ずっと夫の老いとの戦いにつきあって介護をし続けていると、それが終わったとき、妻にはもうあまり自由に余生を楽しめるだけの余力が残っていないということが起こります。もちろん、夫は大切な戦友ですし、さまざまな援助や世話をしてあげること自体が人生なのだともいえると思いますが、それでも、そこまで自分自身の人生を夫に捧げるのは望まないと言われる方もおられるはずです。そのような場合、妻に大きな不満が残ってしまいかねません。では、どうするか。結局、むずかしいことですが、夫の介護と自分自身のために使う時間を分けていくしかないわけです。非常に厳しい状況ですが、なんとか、夫の老いとの戦いにつきあうことと並行して、どのようにしたら、自らの人生も楽しむことができるのかを考えていくようにしなければならないわけです。

しかし、現実には夫ががんばればがんばるほど、妻は、夫の在宅酸素吸入や胃ろうなどにつきあっていかなければならなくなっていくわけで、とてもむずかしい対応となります。この両立はとてもむずかしいことですが、多くの方々からお話をうかがっておりますと、妻にとって、まとまった自分の時間が、絶対に必要というわけではなく、ほんの数時間、夫と離れるだけでもかなり気分的には改善するとおっしゃいます。厳しい環境では、人間は、少しの環境改善でも大きな解放感を感じることができるわけです。

しかも、夫の老いとの戦いにつきあうことは、妻としての存在感を高めるという面があります。なにせ、妻がいなければ、夫は何もできなくなっているわけですから、妻がまさしく夫の生命線なわけです。そのことは夫も十分わかっておられるようで、何かわがままをおっしゃっても、妻が無理だといえば、無理なのです。そのような状況をくぐり抜けて、夫を見送るということは、ほんとうに立派な仕事なわけで、その達成感も非常に大きいものがあるように感じます。このような達成感は、どんなにすばらしい世界旅行をされても、なかなか感じることができないものなのではないでしょうか。

60代後半　女性
夫婦で旅行するが、旅先では、まったく別行動をとるようにしている。そうすると、旅館で夜会ったときに話をする材料もできて快適だ。

80代前半　女性
夫は、まったく人の話を聞かない人だが、食事もまったく別々にそれぞれがつくるようにしたら、快適になった。たまたま自分がつくる場合は、ついでに夫の分をつくってあげることはあるが、それ以外は、食事を自分だけで外ですましてから帰宅するようにしている。

80代前半　女性
10年ほど前より、徐々に夫が料理をしてくれるようになった。快適だ。それで、以前は不満が多かったが、今は満足している。なぜ、料理をしてくれるようになったのかはわからない。

70代前半　女性
夫はいくらでも料理をしてくれる。そのため、私が旅行に行っても何にも心配する必要がない。家事も手伝ってくれ、何でも話をすることができる。みんなにうらやましがられる。

満足度はそれぞれの自立で上がる

理想的には、老いとの戦いで、お互いに戦友として助け合うために、夫婦は相互に独立しており、家事はすべてどちらもできるようになっておくことがよいわけです。とくに食事に関することは重要で、一方的にひとりが片方から援助を受けながら生きておられる場合は、支援する人に何か大きな出来事が起こると、その支援がなくなりますので、問題となりやすくなります。しかも、そのように大きな危機が訪れたときだけが問題となるわけではなく、普段の暮らしにおいても、もし、ふたりがそれぞれに自分の食事の面倒をみることができれば、なにかにつけ、日々の暮らしが楽になります。

一方的に援助しなければならない人は、朝、昼、晩と3回も食事の世話をするわけで、その間の時間だけしか自由に使うことができません。支援する側の人は、もうそれだけで、相当自由が縛られてしまうわけです。これでは、残された人生を有意義に過ごすことができません。

また、食事の世話を自分でやれば、その人の能力は維持されやすくなり、危機管理という意味だけでなく、自分自身のやるべきことをはっきりとさせて、毎日にリズムができて、なおかつ、自力を使い続けますから生命体として生き残りやすくなります。やはり、自分の食事は自分でやることが、自分自身のためになるのです。

ですから、ふたり暮らしであっても、自分の身の周りの世話を人任せにせず、自分でやろうとすることは、どのような事態にも対応できるもっとも強固なふたり老後が実現できる近道なのです。ところが、夫が、なかなかその気になられない場合があるわけです。

そもそも、老いとの戦いをはっきりと意識して過ごしている夫は、どのくらいおられるのでしょうか。この根源的な問題は、どうしようもなく、解決する方法はありませんが、とにかく、ふたりが独立して暮らそうとされることは、少しでもこの境地に近づく道だと思います。退職後の時間は豊富にあります。夫婦でやれば、家事は、あっという間にできます。その後、残された時間がどれほどあるかわかりませんが、できるだけ、それぞれが思うことに時間を使われ、この世での暮らしを楽しんでいただきたいと思います。

4章
ふっとこころが軽くなる7つの秘訣

自分の気持ちを楽にする

前章までに、老いとの戦いを意識すれば、ふたり暮らしにおいても、それぞれが自立していて、いつでもお互いに支援できる態勢が一番有利に戦えるということがわかりました。ところが、もともと、問題の発端は、ふたりの考え方や行動様式が異なるために、力を合わせて老いと戦うことができないから問題となってくるわけです。つまり、ひとりなら、自分がしっかりと心づもりをすれば済むことですが、ふたりになると相手がいます。その人が、老いとの戦いに気づいてくれて、うまく協力しあえる環境になっているなら問題は少ないわけですが、そのような方は、アンケートをとっていますと、およそ半数に留まっているという印象です。残りの半数の方々は、かならずしも老いを意識して行動されておられないように感じます。とくに、妻は老いとの戦いを常に意識しておられる場合が多いように思いますが、夫は必ずしもそうではありません。気づいてはおられるのでしょうが、できるだけ考えないようにしていたり、他のことに夢中になっていたりして、老いとの戦いを普段は意識しないようにしている様子です。夫によっては、老いとの戦いにおいても、一方的に妻を頼っておられるように見えることすらあります。しかし、このような厳しい環境に妻が置かれていても、非常に少数ですが、うまく妻側の努力だけで切り抜けているように見える方もおられるのです。自分ひとりではなかなか解決できない課題ですが、それをなんとか克服しておられるわけです。このような方々は、具体的には、一体、どのようにしてうまくふたりの関係を保つようにしておられるのでしょうか。

良好な夫婦関係を築かれている人のご意見を多くうかがっていますと、ふたりの暮らしの中で、自分の気持ちが楽になるひとときを、うまく取り入れておられることに気づきます。異なった生活感を持つふたりの場合、一緒におられるとどちらかがもう一方の人に合わせることになります。同居しているわけですから、ずっと一緒におられることが多くなりますので、気持ちをうまく快適に保ち続けることは容易ではありません。それをうまくやっておられるわけです。

実際には、人それぞれ置かれている立場も状況も異なりますから、その取り入れ方にも、いろいろなやり方や工夫があります。そのような対応策を、できるだけ多く集めて、誰にでもできるような対応策が見つかれば、多くの人にとって、役立つだけでなく、それを使えば、たとえ考え方がまったく異なっているふたりであっても、まずまずの快適なふたり暮らしを手に入れることができる方法となるかもしれません。ただ、問題は、気持ちが軽くなるということは、人それぞれ、まったく異なる感覚ですので、お話をうかがった人にとっては気持ちが楽になったのかもしれませんが、他の人では、だめだということが起こりえます。ですから、これらの対応策も、残念ながら、万能ではありませんが、皆様からうかがった話を解説しながら、どうすれば、ふたりがそれぞれの立場を尊重しながら、気持ちよく快適に暮らせるのかを考えてみたいと思います。

秘訣①
それぞれ互いに納得している

70代前半　女性
75歳の夫は、何も家事をしない。それでも、100点満点の満足度だ。夫婦間の会話がよく保たれていて、意思疎通ができている。気が合っているので、何をするにも夫と一緒に行動している。夫が何もしなくても、満足だ。

60代後半　女性
夫は家事もやってくれるが、私が出かけていっても何も言わないのがありがたい。とても自由にやらせてもらっていると感じる。夫に感謝している。

70代前半　男性

普段は仕事に行っているが、仕事が休みのときは、料理もする。仕事の合間に家事も手伝い、夫婦で2泊3日くらいの旅行もする。まったく満足している。考え方が一致しているからよいのだろう。夫婦ともども小さな病気はあるが、なんとかうまくいけていると思う。

70代前半　男性

妻と一緒に家事をやっている。午前中に、いろいろな用事をすませて、午後からは一緒に、車で出歩くようにしている。体調が悪いときは、お互いに支え合うようにしている。

気持ちの通い合いができてますか

今回のアンケート結果では、ふたり暮らしは両極端だということがわかっています。つまり、約半数の方は、ふたりで暮らしていて非常に満足しておられるのです。ひとり暮らしの人も満足している人としておられない人とで大きなばらつきがありましたが、ふたり暮らしでも同様です。つまり、約半数の方々は、ふたりで暮らしていて、非常に満足しておられるのです。

そして、その中で、ふたり暮らしに満足しておられる方々から、一番多く聞く話が、意思疎通のよさです。ふたりの間に、垣根なくいろいろな情報交換ができている場合、夫が家事を手伝うかどうかという問題など大きな意味を持つことではなくなるのです。古今東西、どのような集団においても、意思疎通が重要であることは明らかです。**「それぞれ互いに納得している」**夫婦の場合、夫も妻も満足されている場合が多いことに気づきます。

たとえば、夫がずっと自宅にいても、午前中には買い物に夫婦で出かけていき、さらに、午後からは一緒に運動をしておられる夫婦がおられます。つまり、朝から晩までずっと一緒に暮らされているのです。それでも、非常に快適だと言われるわけです。

つまり、このことは、いかにこの意思疎通が、暮らし全体の快適さや満足度に大きな影響を与えているかということを示すものと考えます。このような場合は、まったく問題なく、夫婦はともに行動し、ともに考えていても、両者とも快適だと感じるわけです。このような理想的な組み合わせが、結婚する前に予測できるのなら、世の中は、幸せな夫婦で埋め尽くされているはずなのですが、現実は、厳しいといわざるをえません。しかも、長い人生の間に、意思疎通を図るための能力も、両者ともに発達させてくるでしょうから、結婚当初で老後の意思疎通の程度を予測することは不可能です。

しかし、今回のアンケートにおいては、かなりの数のご夫婦が、このような幸せなパターンを示しておられました。勝率はそれほど高くはありませんが、予想よりはましで、正確に統計をとることができないものですから、印象だけですが、約半数の方々は、このように良好な関係を維持されている夫婦だと思います。

秘訣②
しっかり分業できている

60代後半　女性
夫は、炊事、掃除、洗濯、など家事を何でもこなす。退職すると、何もやることがないので、家事を手伝うしかないといって、手伝ってくれる。今まで、ひとりでやってきた家事を、ふたりでやるので、非常に助かる。日常生活にとても満足している。

70代前半　男性
仕事をやっているときは、家事を手伝えなかったが、退職後、料理を自分でもやるようになった。母子家庭で育ち、幼いころより、母から男でも料理するように躾けられた。そして、なにより文句を言わないことを教えられた。それを実行している。自分は透析をしていて生野菜は食べられないが、面倒がらず湯がいて食べている。満足だ。

70代前半　女性
夫は退職してから自発的に、後片付けはすべてやると言った。それから、掃除と食事の後片付けは、夫がずっとやっている。自分は料理をすることと洗濯だけだ。夫にやさしくなれるようになった。

70代前半　男性
退職したら、やることがないので、家事を妻とともに分担するようにした。今では、家事は何でもできるようになった。毎日の仕事がたくさんあるので、リズムがあって体によいと感じる。

毎日の家事を分担する

うまく満足されながらふたりで暮らされている人は、暮らしの中で、意思疎通がうまく保たれていると思いますが、それとともに、お互いに家事を分業されている場合が多くみられます。意思疎通がうまくとれているので、分業してもうまくいくのかもしれませんし、意思疎通ができているから家事の分担も自然に行われるようになるのかもしれません。

家の仕事は、自分たちが生きていくために必要なものです。毎日必要になります。それを、ふたりで手分けしてやれば、早くすむわけで、それだけ、ふたりが使える自由時間を増やすことにつながります。それが、また、両者の暮らしに潤いをもたらし、より満足する暮らしになっていくわけです。

そもそも、自分自身が生きていけなくなれば、それでこの世での生は終わるわけで、生を維持する活動は尊い活動だといえます。それは、絶対に必要な作業であり、仕事にたとえれば絶対的に必須の業務ということになります。太古の時代から、人間は寝て食べて体を動かして生きてきました。それを実践するということには、生存するという意味があります。それだけに、やりがいも感じることができるはずです。アンケートをとらせていただいていて感じることですが、家事は、できれば自分に関するものだけでも、自分でされている人の方が、日常生活の満足度が高いように思います。これも、この理由からかもしれません。

70代後半　女性
夫は家事を手伝う人ではない。しかし、布団の上げ下ろしと、朝の掃除、犬の散歩はしてくれる。私は、家事が仕事と思っているので、別に苦にはならない。家事をしていると生活にリズムが生まれて、体調もよいと感じる。

80代前半　男性
ずっと妻の具合が悪くて、私が家事一切をやり、食事の世話をしていた。妻を見送るとき、これからは、もう自分の分しかつくらなくてもよいのだと思った。

70代後半　女性
自分の仕事は家事だと思っている。夫はそれでもときどき文句を言うが、私の得意は、いかにうまく家事をやることができるかということだ。家事のことなら誰にもまけない。夫は、私のつくったものしか食べない。

家事が自分の仕事だと割り切る

家事は、とても大切な仕事です。これがなければ、生きていけないわけで、生命維持の根幹をなすものと考えられます。それだけに、家事を重要なやりがいのある仕事と認識される方々がおられます。これは当然のことであり、このような方にお話をうかがいますと、家事をやることで、非常に満足されて暮らされていることがわかります。ある時、手をけがされた主婦が、他の人の手伝いを受けて、家事をすることがなくなると、日々の暮らしにおける充実感まで同時になくされて困ってしまったと来院されました。そこで、できる範囲で家事をやっていただくようにお願いしましたところ、気分が爽快になられたと言われます。家事は、大切なやりがいのある仕事なのです。「しっかり分業できている」なら、ふたりの満足度は高くなるのです。

また、妻が家事をやることに別になんの違和感も持っておられない場合も、夫がたとえ家事を手助けされない場合でも満足されているようです。もちろん、夫が率先して、家事を手伝うようになれば、一番効果的な共同作業となりますが、妻が一方的に家事をされていても、妻の意識が家事に向いている場合は、問題がないでしょう。家事は生きていくために必須の作業だと言えます。非常に有意義な仕事ですから、そのことがわかっておられる人の場合は、家事が苦痛になることは少ないわけで、満足できるふたりになるものと考えます。

秘訣③ 別々の価値観や行動でもかまわない

70代前半　女性

家の仕事もやるが、それ以外は、自由にやらせてもらっている。私のやることに夫は口をださない。外出して遅く帰ってくるような時も、夫は自分で食事をつくって食べている。快適だ。

60代後半　男性

夫婦はお互いに、相手のやることに干渉しないことにしている。そうすると、とても気分がよい。自分も家事の一部はやっている。

ふたり暮らしでも自由だ

意思疎通を良好な状態に保ち、家事も分担しておられる方々の満足度が高いことを指摘しました。そして、完璧に満足しておられるグループの人々は、さらに自分たちのやりたいことをやっているという感覚を持たれているようです。家事を分担していますから、炊事・洗濯・掃除など最低限度の家事の半分はやらねばなりませんので、自分の自由に使える時間はある程度の制約を受けておられるはずです。それにもかかわらず、満足されているのです。ということは、有り余るほどの時間があり、自分のやりがいを見つけ出せずに苦しんでいる夫が多くおられますが、それとはまったく逆の状態であることがわかります。自由な時間がたくさんあることと満足度とは直接関係はないといえます。

人は時間がたくさんあっても、それを十分に使いこなせていると感じなければ、満足感につながらないということなのでしょう。ここまで考えてきますと、わからないことがたくさんあることに気づきます。いくらアンケートにご回答いただき、多くの方々のお話をうかがっても、人が自由にふるまえているという感情は、どこから来るのでしょうか。日常生活の満足感はどのようにすれば、高めることができるのでしょうか。疑問はますます増えるばかりです。このように、わからないことばかりですが、ひとつ言えることは、自由を感じることと自由な時間の長さは、あまり関係ないということです。たとえわずかな時間でも、その人が充実感を感じることができれば、自由を感じ、自らの意思で何かをやっていると感じることができるのです。極端な話、ほんの数分でもよいわけです。ただ、そのような自由にふるまっていると感じることができる時間は、できれば、毎日あるとよいわけです。そうすれば、毎朝、その時間を楽しみに暮らすことができます。このように暮らしている人々が、満足して暮らしているグループの中核をなしていると思います。

70代前半　女性
夫はいまだに仕事に毎日でかけている。夫がいない昼間にゆっくりできるので快適だ。夫も仕事がある方が元気そうだ。

60代後半　女性

一緒に会社をやっていて、常に意思疎通ができているので快適だ。夫は料理を一切しないが、夫になんでも相談できる環境があるので、満足している。

現役時代の生活リズムでも元気

長寿の時代になりましたが、60代、70代でも、まったく普通通りに夫が仕事をしている場合があります。このような場合は、退職しておられないのですから、現役時代と同様に、夫は仕事、妻は家事という分業体制が続いていることになります。そのためか、妻の不満も少なく、経済的にも大きな変化はありません。ただ、老いとの戦いは始まってきますから、現役時代のように活発に活躍することはできないようですが、それでも、妻も夫も、元気に暮らされている例が多いように感じます。やはり、人は仕事をやり続けることが、収入の多少にかかわらず、その人の健康維持に役立つことを教えてくれているように思います。

70代前半　女性

夫婦で旅行もするが、友達とも旅行に出かけていくようにしている。そうすると、気分が変わり、楽しい。グラウンドゴルフもやっていて、このようないろいろな活動を通じて、多くの人と話をすることも日常生活を満足させるものだ。満足度は満点だ。

70代前半　女性

夫婦で自営業をやっているので、ずっと一緒に行動する。しかし、休みの日やゆとりの時間は、ふたりまったく別のことをし、お互いが干渉しないことにしていると、非常に快適に毎日を過ごせるようになった。やはり、お互いの趣味を尊重することは大切だ。

互いに干渉しない

うまくいっている夫婦の場合、夫と妻が同一行動をとられている場合も多いですが、いつでも、別行動をとることができるようにされている場合も、満足度が高いと思います。このいつでも別行動をとることができるということが大切で、このようにすれば、とくに、妻の満足度が高くなる傾向があるようです。つまり、自由に使える時間を確保することができるため、自分の好き勝手なことをやらせてもらっているという自由な感覚と夫への感謝の念が出てくるようです。その感覚は、夫への奉仕という形で表れてくる場合もあるようで、結果として、夫婦の仲はかなりよくなるようです。

60代後半　女性
主人は会社を経営していて、よく仕事もやるが、自分で畑もやっている。会社でいやなことがあると私にあたってくる。そんなときに何を言ってもだめである。まるで、自分のことだけしか考えていないようだが、しかたがないことだと思う。

70代後半　女性
夫は非常に自分勝手で、まったく自分のことしか考えていない。換気扇が動かなければ、すぐに電気屋で買ってくるように、私に命令する。夫は自分では何もしない。すべて命令ばかりだ。しかし、私にはできないことも言ってくるが、できないものはできない。

80代前半　女性
夫が細かなことに口出ししてくる。夫が退職するまで、月1回の友達との食事会をやっていたが、それが夫の世話で、できなくなった。うっとうしい。そこで、細かなことまで言ってきたら聞き流すようにした。それでも、まだ言ってくるようなら、それをやることは、私の仕事かと問うと何も言わなくなった。気分が楽になった。

相手を放っておく

夫が非常に自分というものを持っておられる方で、なにもかも自分で決定して行動されようとする人の場合、一体、何が問題となるのでしょうか。今回、多くの方々からお話をうかがいましたが、特に、夫の退職後に問題になる場合が多いことに気づきます。このタイプの夫は、いままでずっと自らの経験と勘で身を立ててこられたという自負もあり、身の周りからの情報を受け取らず、すべてのことに対して、独自のものさしで差配してこられたタイプです。周囲の意見をまったく聞き入れません。周囲のことを気づいていないわけではありませんが、周囲に関心をはらっていても意味がないと思っておられるかのごとくです。そのため独自の世界に住まわれたまま、晩年へと向かっていかれることになるのでしょう。

もし、ご家族の方で、その人に何か意見を言える人がおられたなら、その人に伝えてもらうという方法もありますが、このような強い方は、周囲の人の話を聞こうとされない場合がほとんどですから、そのような方もおられない場合も多いわけです。その場合、何か協力してもらおうと考えても仕方がないわけで、どうしようもないわけです。ですから、悩んでも仕方がないことであり、夫が唯我独尊になっておられても、手の施しようがないといえます。

しかし、考えてみれば、これは一体何が一番問題になっているのでしょうか。今までも述べて参りましたが、夫と妻が、それぞれに別の人生観や行動パターンをとるようになられるのは、長い人生を考えればむしろ当然なわけです。そのこと自体には、何も問題はないわけです。一方が一方の生活に影響を与えようとすることが問題なわけで、それさえなんとかすれば、問題は解決するわけです。**「夫婦はまったく別々の価値観や行動様式をとっても、何も問題はない」**ということになります。別々の価値観があってもよろしいということです。意思疎通ができない夫の場合は、価値観をすりあわせようとしてもできないわけで、どうしようもありません。妻は、夫とはまったく別の世界に住むようにされるしかないということになります。後は、そのやり方だけが問題となるだけです。

秘訣④
目の前の不満は些細なことと割り切る

70代後半　女性

夫は、物忘れがひどくなり、がんこになった。自分自身の体調も低下し、ヘルペスになった。何か言おうとしても、かえって疲れる。とても、物理的に距離を置くことはできないので、そこで、何を言われても、口には出さず、心の中で素通りするように心がけると、少し気分が楽になった。まるで、演技をしているようにしている。

60代後半　女性
夫は細かなことまで口出ししてくる。そこで、それを聞き流す女優のようにふるまうと、少し気分がよくなり、夜も眠れるようになった。

相手の世界を乱さない

夫は大変厳しい世界を生き抜いてこられたわけです。当然、自分自身が一番快適だと思われる環境をつくっておられます。夫にとっては、普通にふるまわれているだけだと思われているでしょう。ただ、妻も同様に厳しい世界を生き抜いてきたことには変わりはありませんから同様です。しかも、妻も仕事をしておられたのなら、状況はまったく同じと考えてもよいと思います。また、たとえ仕事をしておられなかったとしても、家事を切り盛りすることはそれほど簡単なことではありません。さまざまな環境の中で生き抜くことは仕事をされてきた場合と大差はないといえるのです。
それぞれ立場に違いはあっても、夫も妻も、独自の世界をつくらなければ生きてくることはできなかったのです。それが夫の退職をもって、同じ屋根の下で、24時間一緒に暮らされることになるのですから、もしふたりの間に、うまく意思疎通できる環境がなく、さらに、ふたりの世界がまったく重なり合う部分がないような夫婦の場合は、問題が生じないことのほうが不思議なくらいです。このような場合、夫が持つ世界を乱すようなことをすれば、お互いの考えが折り合うことはありませんので、夫婦とも消耗してしまいかねません。ですから、意思疎通がうまくいっていない夫婦の場合、夫の世界を乱さない方がまだましだといえます。

多くの方々のお話をおうかがいしておりますと、それぞれが持つ世界に一致するところが多い夫婦は、夫婦の間の対話がうまくできており、満足度の高い暮らしをされていることに気づきます。一方で、不満に満ちているご夫婦の場合は、複雑です。それぞれが持っている世界に一致するところがなく、話題も共通のものがない場合、夫婦の間で、お互いに情報交換するどころか、非難し合うところがあるようにみえます。ここで冷静に考えれば、これは一体何が問題だというのでしょうか。

それぞれが独自の世界を持っていること、それぞれがお互いの状況にまで気配りできなくなり、誤解しておられる部分がありそうなこと、ふたりの間の意思疎通がうまくできなくなっていること、お互いの考え方の違いを非難し合うこと、などいろいろなことが頭に浮かびます。しかし、考えてみれば、これからあとどのくらい人生が残されているかわかりませんが、結構長い人生がご夫妻ともども残されているはずです。それなのに、これらの視点から、老いとの戦いのことが決定的に抜けていることに気づきます。そんな目先のことに気を奪われている場合ではないのです。**「目の前の不満は小さなことと割り切ってしまう」**ことです。

たとえ力を合わせて戦っても、今までに、老いに勝った方はおられません。みんな必ずあちらに逝かれます。ふたり暮らしは、何か問題が生じても、ふたりで対処できるので、ひとり暮らしより有利に解決できるはずです。ですから、老いとの戦いでも、ひとりよりふたりの方がよいに決まっているわけです。しかし、実際のアンケート結果では、なぜか、ふたり暮らしが、ひとり暮らしより満足度が低くなっていました。ふたりで問題に対処すれば、たとえ、老いとの戦いであっても、ひとりで戦うよりましなはずなのに、それがそうはなっていないのです。これはどういうことでしょう。これはあくまでも推測ですが、おそらく、夫婦の間の些細なことに目が奪われて、一番肝心な老いとの戦いのことを忘れ去っておられる人が、その中にかなり含まれているからではないでしょうか。老いとの戦いは、すぐそこまできているのに、夫婦が、別のことで仲違いされていることが、一番大きな問題点なのです。

では、どうすればよいのでしょうか。意思疎通がうまくいっておられる夫婦は、問題はありませんが、今、考えている対象の夫婦では、うまく意思疎通ができない状況だと思います。そのようなふたりに、老いとの戦いの話をしましても、一方通行になってしまうことでしょう。

60代以上の人は外見も男女とも若いですし、実際に、身体能力もまだまだ若いです。ですから、本来ならば、老いとの戦いの準備に入らなければならない年齢に達しているのに、十分そのことを意識することがなく過ごされている方がおられても不思議ではありません。しかし、確実に老いとの戦いは始まろうとしているはずです。

しかも老いとの戦いは、基本はひとりきりの戦いなのです。ふたり暮らしの内のひとりであっても、かまいませんから、今、自分ができることをやって、少しでも老いとの戦いを有利に進めるよう努力しなければなりません。しかも、ひとり暮らしなら、自分で考えて行動できますが、ふたりで暮らされている場合は、相手がおられます。これが大変になる要因なわけです。しかし、とにかく、老いとの戦いは、たとえ相手の理解が得られなくても、なんとか取り組まなければならない問題なのです。

秘訣⑤

ふたりのときから、ひとりのときを想定する

60代後半　女性
夫が病気をしてから、10年来、部屋を別にして、それぞれが好きなことをやり、料理が面倒なら外食するルールにしたら、気分が楽になった。

80代前半　男性
妻が細かなことまで、干渉してくる。まるで私は操り人形のようなものだ。うっとうしい。私も男だから自分の考えがあるのだ。妻の声も聞きたくない。

ふたつの個性を生かす暮らし

夫婦は、それぞれ、まったく異なる個性を持つもの同士で、暮らしていると思われます。そのためか、かなり思い切ってふたりの生活を分けてしまうことで、うまくいっている例があります。まるで、それは、ふたりの個性をつなぎ合わせようと努力するのではなく、

お互いの個性を認め合って、できるだけ分離しようとされているようにも思えます。つまり、極端な話ですが、同じ屋根の下で、それぞれが思い思いに、ひとり暮らしをすればよいと考えるようなものです。そして、ときどき会うだけにします。そのようにしますと、どんなに考え方が違っていても、また、話をすることもでてくるはずです。

また、まったく同じ個性を持ったふたりが一緒に暮らせば、ほんとうに幸せになるのでしょうか。考え方も行動様式もまったく同じなら、ほとんど以心伝心、何も言葉を交わさなくてもすべて同じように暮らすことができてしまいます。そうしますと、満足度の高い生活を送ることができるようになるのでしょうか。旅行が大好きな方も多くおられますが、彼らは一様に、新しい出会いが楽しいとおっしゃいます。自分が知らない新しいものを見聞きするから旅は楽しいわけで、普段の生活でも、旅行先で出会うような劇的な変化はありませんが、自分にはないものや違った考えに接するから、楽しかったり、気分を害したりするのだと思います。そのような意味で、いくら長年連れ添ってきたご夫婦でも、適度に異なる考え方をしていることはよいことだといえます。毎日が刺激的だと考えればよいわけです。それでも、あまりにも、刺激的過ぎても疲れますから、適度に刺激を弱める工夫が必要になるということです。それをうまくやっておられるふたりが満足して日々を暮らしておられ、あまりうまくいっていないふたりが不満の中に沈んでおられるように思います。

また、夫婦をまったく別々にしておくことのよさは、ひとりになったときに発揮されます。普段より一定の距離を置いて暮らしておられたら、程度にもよりますが、いざ、ひとりになってしまっても、ひとり暮らしにも慣れていますので慌てません。仲のよすぎるふたり暮らしの唯一の弱点であるひとりになったときのために、**「ふたり暮らしのときから、ひとりになる心づもりも必要だ」**ということになります。

ただし、そうだからといって、無理にふたりが別々の暮らしをされる必要もありません。どうぞ、相性のよいふたりの場合、一緒にご活躍くだされぱと思います。しかし、そのような場合でも、ひとり行動を適度に取り入れておいてもらうと、もしひとりになったときに、残される側の人は、そのひとり行動を膨らませればよいわけで、ひとりになったときの衝撃を少しでも和らげてくれることが期待できます。ふたり暮らしは、いつかは、ひとりになるときがきます。相性のよいご夫婦で、ひとり残された方々の落胆ぶりを拝見しますと、ひとりになることを考えすぎるのも問題ですが、まったく考えずに過ごされるのも、また、問題があると感じます。

個性が異なっているから、夫婦の間は、ある意味でおもしろいわけで、違う個性だからこそ、さまざまなドラマが生まれるといってもよいわけです。問題はその個性同士の相性のよさであり、その重なり具合なわけです。それも長い年月の間に変わってきます。ですから、それぞれの世界の重なりの程度によって、その都度、工夫しながら、距離を置いて暮らすようにすれば、お互いを尊重しながら、快適に満足して暮らすことができると考えられます。夫婦はそれぞれにまったく異なった個性を持っている状態が当たり前であり、これはよいことであり、また、これはかりはどうしようもないことなのです。

秘訣⑥ 時間的、空間的に距離をあける

60代後半　男性
3年前から部屋を別々にし、仕事も週に3回くらいは出かけていくようにしたら、とても、夫婦仲がよくなった。このくらいの距離感がとてもよい。

70代前半　女性
夫は体が弱いので、健康維持のために、トレーニングに通うようにすすめた。それで、週に3回出ていくようになったので、その間、自分もゆっくりできるようになった。夫の体

調もよくなり、家事も減らせて、自分の時間が戻ってきたので、かなり快適となった。

60代後半　女性

夫婦のみで暮らしている。夫は脳梗塞の後遺症があり、家の中でも車いす生活である。夫が寝ているときと買い物のときが、唯一のほっとする時間である。そこで、心の中で、距離を置くように心がけると、それだけで、かなり気持ちが楽になった。

互いを尊重する

いかなる環境であっても、距離を少しでもあければ、生活はかなり快適になると言われます。夫と妻は、いままで、別々の環境で過ごされてきたわけですから、生活習慣が異なっているのは当然で、これを退職後も強調して、同じ屋根の下で、時間的、空間的にふたりが別々に行動する時間を増やす工夫をしていただければよいわけです。これは相手を無視するのではなく、お互いを尊重するために行うもので、決して、家庭内別居を目指すものではありません。夫は、退職後はずっと自宅におられるわけですから、いつでも、一緒になるわけです。そうなれば、どんなに仲のよいご夫婦でも、個人的にゆっくりしたいときもあるものです。それを少し増やすようにするだけです。別にこのこと自体に大きな意味はありません。つまり、「ふたりは距離を保つようにすることが大切だ」ということになります。

また、一緒にいないように工夫することは、これにより両者はいつも新鮮な関係を維持できる可能性があるわけです。いつも一緒にいますと、もう話をすることもなく、何もおもしろいこともなくなってしまいます。そこで、外出する場合も、自宅におられるときでも、別行動をとると、話題に幅が出てくるようになります。

60代前半　女性
夫には言葉が通じない。夫は30年来コンピューター関係の仕事を自宅でやっている。忙しくなると、話しかけても聞こえていないようだ。そんなときがかなりある。外出したいが三度の食事の世話があるので、長時間留守にできないのが苦痛だ。

70代前半　女性
退職してから、夫は食事が終わると、すぐに自室にもどり、パソコンの前にずっといるようになった。ときどき夫の部屋をのぞくとパソコンの前でうとうとしている姿が見える。また、どこに行くのかひとりで外に出ていく。自分も外出したいが、食事の準備が面倒だ。

食の自立が距離感の秘訣

夫婦で暮らされている場合、夫の対応が大きな要素を成していることがわかります。夫婦は、長い人生をかけて作り上げてきたそれぞれの快適な世界を、いまさら、お互いに否定することは不可能です。これだけはっきりとした事実があるわけですから、これをベースにして、物事を整理すれば、解決策を見つけ出せるかもしれません。

この食の自立さえできていれば、たとえ、考え方が異なろうと行動様式に大きな違いがあろうと、その都度、程度に合わせて距離を置けばすむことになります。これについては、後ほど詳しく述べたいと思います。

秘訣⑦
自ら自分の世界に入りこむ

70代前半　女性

何かあればすぐに自室にもどり、大好きなクロスワードパズルをやる。できたときの達成感が楽しい。自分の好きな世界に入るといろいろなことも忘れて気分が違う。

70代前半　男性
テレビを見ずに、ぼんやりすることを心がけている。外に出て公園や池を散歩しながら遠くを見ると、こころが落ち着く。

70代前半　女性
夫婦ふたりで暮らしているが、夫は大きな音でテレビばかり見ているだけである。いまさら、どこかへ友達と外出するのも面倒だ。そこで、夫にはイヤホンで聞いてもらうようにして、毎日4時間くらいは、自分自身の時間を確保してみると、少し気分が楽になった。

80代前半　女性
スポーツは何でも好きで、野球やサッカー、ゴルフに興味がある。しかし、目が疲れるので、テレビは見ない。ずっとラジオ中心だが、そのラジオも音を低く抑えている。そうすると疲れにくい。十分に満足した生活だ。

自分だけの世界をつくる

ふたりの間に距離をとるといっても、なかなかうまくいかないときもあるはずです。そのようなときには、自分自身の世界に逃げ込むということも、日常生活を快適にします。

幸い近年、情報化が進んでいますから、適当に、自分自身の快適な世界に逃げ込みやすくなっています。たとえば、自分も、ネットゲームに興じるとか、見たいテレビに没頭するなど、**「自分自身が楽しいと思える世界をつくり、その中にすべての意識を集中させる」**ことです。

こうすれば、相手からの言葉は脳に入りません。しかし、相手の声がまったく聞こえなくなるわけですから、けんかになることもあるかもしれませんので、それを避けるため、相手から物理的に遠ざかるように何か工夫していただくことも有効な対策になります。たとえば、自宅が2階建ての場合などでは、常時住む場所を階で分けたり、相手が外出する時間や自分が外出する時間をできるだけ多くしたりする、など工夫することで、できるだけ距離を保つようにするわけです。これは、双方とも自分の時間が持てますので、ある意味、よい効果が出る場合すら期待できます。いくら愛する家族でも、ずっと一緒では息苦しくなることもあると思われますので、今の情報化時代の世の中では、距離を保つことは、独自の世界に住み込んでおられる人を対象とするだけではなく、すべての人を対象にやらなければならないことなのかもしれません。

どうしても年齢を重ねると目が不自由になったり、耳が聞き取りにくくなってきたり、足腰の状態が悪くなったりして、外出することができにくくなっていきます。そのために行動できる範囲もやれることも制限がかかってくることになります。そんなときでも、それぞれご自分がやれる範囲内で、ささやかな楽しみを見つけながら、何とか、距離をとりながら暮らすことはできるはずです。なんとか、少しでも満足感が得られるように工夫していただきたいと思います。

60代前半　女性
ゆとり時間は2、3時間あったが、なかなかゆっくりできなかった。それを、テレビを見ずに、友達と話をすることで、気持ちがすっきりした。

70代前半　女性
昼間家事が途切れたときに、何もせずに体を横たえるようにしていると少し楽である。テレビなどを見たら、気持ちがめいる。世話をしている家族と気持ちで少し距離を置くようにしたら、気分が楽になった。

60代前半　女性

疲れの程度にもよるが、日によっては、テレビで好きな番組を見たり、雑誌に目を通したりすると、気分が楽になる。まるで日常生活が快適になったような気になる。テレビはいつもやっているわけではないため、雑誌が手頃ないやしになってくれる。

60代前半　女性
昼間、5分でよいから、うたた寝すると気分が良好となる。また、テレビよりラジオを聴く方がなんとなく心が休まる思いだ。

ぼんやりする時間が大切

たとえ、いやなことが多くあっても、ゆとり時間やぼんやりする時間をうまく利用すれば、心身を休めることにつなげることができます。この方々も、最初からうまくいったわけではなく、少しずつ試行錯誤を繰り返しながら、自分に一番合ったやり方をうまく見つけていかれたそうです。どうぞ、あなたのやり方で、心身をリフレッシュするやり方を見つけ出して、あなた自身が快適だと思われる世界を作って、その中でゆっくり過ごして欲しいと思います。

ただ、アンケートでもありましたように、最近の方々は、脳をリフレッシュすることと脳を休めることを混同しておられる場合があります。たとえば、携帯端末でメールの整理やゲームをしながら、ぼんやりすると回答された方も多くおられます。脳を休めるという意味では、携帯端末のメールを整理したり、ゲームで遊んだりすることは、必ずしも休めることにつながりません。やはり、時間の使い方を考えて、ほんとうに心身ともに休めることになっているのかどうかという点に常に気をつけながら、休めて欲しいと思います。

もっとも、気力が充実しているときは、脳を休めるよりも、リフレッシュさせていやなことを忘れる方が役立つ場合もあるわけで、かならずしも何もせずにぼんやりすることだけがよいというわけではないかもしれません。そのときの気分に合わせて選択されればよいと考えます。

また、今回のアンケート結果からは、テレビを見ていて、すぐに眠れる人となかなか眠れない人というふたつのグループがあることがわかりました。その数は、ちょうど、半々で、約半数の人は、テレビを見ていてすぐに眠ってしまうと言われますが、もう一方の人々は、なかなか眠れないと回答されます。そこで、すぐ眠る人となかなか眠れない人とで、満足度と睡眠不足感を調べてみますと、すぐに眠る人では、満足度は高く、睡眠が足りていると回答された方が多かったわけです。睡眠時間やゆとり時間、テレビとの接触度などには差がないことから、睡眠の質が、すぐ眠れる人では良好だということが推測されます。そして、この結果から、すぐ眠れる人は大丈夫ですが、なかなか眠れない人は疲れを感じたらテレビを消すなどの注意が必要となるかもしれません。また、このことは、60歳以上の方々において、テレビとの関係で、本人が気づかない間に満足度に差が出てくるということを意味し、メディアが何らかの形で、人々の生活に影響を与えていることを示しています。

60代前半　女性
夫婦だけで暮らしているが、自分は体が丈夫でないことを、嫁にはじめから宣言している。孫もかわいいが、自分の世界をまず確保して、その上で、余力があれば援助するようにしている。子どもに何かを期待する時代ではなくなったと思う。

60代後半　女性
夫は月曜日から金曜日まで、孫の保育所に迎えに行くことが日課になっている。そのため、旅行にも行けず、ただ、毎日を過ごしているだけだ。子世代は共働きなので仕方がないと思う。

70代前半　女性
数カ月前から孫の幼稚園の送り迎えをやっている。とても楽しいが、自由時間がなくなり、友達との旅行もがまんしなければならなくなった。その上、毎日のことなので、ゆっくりできる時間もなくなった。送り迎えのときも、孫がけがをしないかと心配して、気を遣う。体調を崩した。

80代前半　女性
最近、娘と腎臓が悪い孫のために食事をつくらなければならなくなった。ゆとり時間が毎日30分しかとれなくなった。食欲まで落ちてきた。

子や孫も別世界の住人だ

子や孫との距離感も、時代とともに、変わってきているかもしれません。いつの時代でも、子や孫の支援が、ふたり暮らしをされている妻の仕事として重くのしかかってくることがあります。これは、最近の子世代を取り巻く環境が厳しさを増していることと関係があるかもしれませんが、以前もあったものと思われます。当然、支援する程度にもよりますが、かなりの負担が、妻にかかってきたり、夫にかかってきたりしているようです。子世代は、非常に困窮されています。確かに保育園が整備され、さまざまな施策がとられても、子を育てることは大変です。今や、夫婦は共働きが一般の姿ですので、今の夫は、子育てや家事もかなり負担されているようです。ですから、できる限り、親世代も子世代の支援に努力してあげて欲しいと思いますが、なかなか大変なようです。

といいますのも、子世代の困窮は半端なものではありません。今回のアンケートでは、若い世代にも協力いただいておりますが、想像をはるかに超える多忙さと多くの問題を抱えておられます。これが、一体、どこからくるのかわかりませんが、親世代がうっかり支援し始めますと、泥沼になってしまいかねないほど厳しい状況です。そのために、親世代が体調を崩されたり、日常生活に大きな制約がかかってしまったりする可能性すらあるわけです。

これには、いろいろな意見があると思いますが、まず、自分たちで十分にどこまで支援できるのかを検討した上で、支援し始めなければ、非常に過重な負担がかかってしまいかねないわけです。

逆に言えば、子世代から親世代を支援することは、至難の業だということです。何も子世代が悪いわけではありません。彼らも一所懸命やっているのです。それでも、一向に暮らしが改善しません。ですから、子からの支援はまったくないと覚悟しておけばよろしいわけです。そして、そのような厳しい状況の中で、親世代から何を支援できるかを考えてから支援するようにしなければなりません。また、このようにあきらめている中で、もし予期せぬ子からの支援がたとえわずかでもあれば、ありがたく思うかもしれません。

要するに、皆様方の話から、子からの支援は期待しないこと、そして、思いがけず子からの支援があれば感謝すること、を教えていただきました。

5章
ふたりの自立のための3つの手順書

逝くための自立と残るときの自立と

夫婦がそれぞれ、意思疎通がうまくできており、家事の分業体制も確立して、それぞれが自由にふるまえていると納得されているような理想的な環境におられる場合は、ここから説明します具体的な対応策を読んでいただく必要はありません。このような方々は、アンケートからは約半数はおられると思われます。

しかし、残りの人々においては、かならずしも満足されて暮らされているわけではありません。これまでの章と重複する部分もありますが、満足度の低い立場におられる60歳以上の方々に対して、以下の対応策を説明させていただきます。

夫婦は、お互いが持つ世界を尊重し合って、その時々の気分で、ある程度の距離を置きながら、老いとの戦いに備えるわけです。それには、当然、ふたりが、独立して基本的な生命維持のための技能を確保しておかれる必要があります。とくに食の問題が大切です。それを確保した上で、ふたりはその日の調子に合わせて、距離を置くわけです。このようなことをする背景には、将来のひとり暮らしが予想されるからです。もし、突然、ひとりが先にあちらに逝かれるようなことになれば、残された人の困窮は予想をはるかに超えます。そのような状況に少しでも陥らないようにするために、普段から、ある一定の距離をもってふたりが暮らすことは、重要なことなのです。人生は、長い目で見なければなりません。老後も、以前に比べて非常に長くなりました。それゆえ、これから説明する手順が重要になります。このようにすれば、たとえ、ふたりの考え方が異なっていても、それなりに満足できる方向にもっていけるはずであり、同時に、将来のひとり暮らしにも備えることにつながるものと期待します。

では、どのように普段から心がければよいか、多くの方々からおうかがいした具体的な手順を説明させていただきます。

手順①　夫が自立できている人か確かめる

普段は、妻にべったりと寄り添っておられ、ご自分では何もしておられなくても、いざ、妻の具合が悪くなれば、妻の支援だけでなく、自分自身の面倒もすべてご自分でできる方がおられます。ですから、普段から自立されている人だけでなく、心構えができておられ、最低限度の技能は持ち合わせておられるかどうかが重要な判定基準ですが、それがなかなか外からは見えてきません。実際、アンケートをとっていても、ご回答いただく男性の対応は、大きくふたつに分かれることがわかります。ひとつは、まったく家事のことは知らない、鍋の場所すら知らず、いざとなったら外食か、外から調達した食事を食べて生きるとおっしゃる人です。もうひとつのタイプは、いざとなれば、自分でもある程度、食事も含めて家事ができるとおっしゃいます。つまり、普段はやる必要がないように思うため、やっていないだけと回答される方々です。

普段は妻に任せていて、自分はやらないが、いざとなればできると回答された方々は、実際にもうまくやることができる人も確かに多いと思います。しかし、実際に妻が食事を準備できなくなってしまいますと、やはり急にいつもと違うものを食べることが多くなるわけですから、体調を崩される例もあるかもしれないのです。この部分の判定がむずかしいわけです。以前、若い頃にひとり暮らしをしておられた男性でも、年齢が高くなっていますから、当時、外食や自炊しておられたメニューでは、今の体ではまいってしまうかもしれません。このように考えていきますと、少し神経質過ぎるのかもしれませんが、やはり、妻の手料理にすっかり慣れておられて、一切、外食しておられないで、なおかつ、自分では何もつくることができない方は、注意が必要になると考えます。

今回のアンケートでは、２週間程度の妻の不在を想定して、それに対してどのように対応される予定か、とおうかがいしたのですが、そのようなことは考えたことがない、と回答された人がおられました。その中には、非常に恵まれた男性もおられ、妻が不在となっても、すぐ近くに住む娘さんから支援してもらえるとされる人も少数ながらおられました。しかし、たとえ娘さんからの差し入れが期待できる場合でも、若い世代の食べ物を普段から食べておられない方では、口に合わずに食べることができないかもしれないのです。あらかじめ予行演習をやってもらって確認していただければよろしいのですが、かならずしもそのようなことはなさっておられない場合がほとんどです。実際に試しておられないのに、いざとなれば、娘がやってくれるだろうという考えだけで、準備を怠れば、かなりリスクを背負うことになりかねないわけです。

もし、急激に体に負担がかかるようなものを食べ続けるようになれば、夫の体に大きな負担がかかり、妻が2週間後に帰ってこられたときに、夫は以前よりももっと厳しい食事制限が必要となっておられるのかもしれないわけです。このようになれば、夫も妻も、非常に厳しい老後の暮らしを強いられかねません。これを避けたいわけです。

また、今の若い世代に、常時、親の支援ができるとは限りません。今の若い世代は、非常に多忙な世代ですから、たとえ、うまく支援をしてもらえても、支援を受ける期間が長くなりますと、果たして継続的に親を支えるほどの余力が残っている子がどれだけおられるかということも問題です。要するに、危機管理が目的の場合は、できるだけ人を頼らないことが重要だと考えます。できれば、支援を受けられたらよいのですが、まずは、自分だけで心づもりをしておくことが、最良の対策となるのです。

しかも、理想的には、この2週間という期間に、夫自らの体調を自分の能力だけで支えることができるだけでなく、妻の病院に見舞いに行くこともできる必要があります。通常、逆の場合は、妻はこのようになされているわけで、夫の頭の中には、ご自分のことしかない場合もあるように思いますが、それだけではだめなのです。夫も、妻を病院へ見舞いに行けるだけの余力を持たなければなりません。

自立していない場合の危機管理

最近では、男性も結構、家事全般を手伝うようになっておられます。ですから、危機管理が行き届いた男性も増えてきてはいますが、まだまだ、全体的にみて、危機管理ができていない人も多いと感じます。危機管理ができておられる夫では、危機管理のメッセージを受け取ってくれますので、老いとの戦いを有利に進めることができます。何せ、ふたりで協力し合えるのが、なにをするにも楽です。また、妻も、夫が自立してくれているので、お互いに支え合えるわけで、確実に自由時間を確保できるはずです。つまり、このようにすることで、夫は、自らの命を自分で守る能力を持つようになり、妻は、自由な自分の時間を持てるようになります。夫婦ふたりとも、この危機管理対策で、利益を得ることになるのです。

70代前半　男性
妻が存命のときは、自分が台所に立つことを断っていたが、それでも、仕事が休みで気分がよいときは、自分の分だけでも食事をつくっていた。おかげで、妻が亡くなっても、困らず自分で料理して暮らしている。助かった。

80代前半　男性
家内が亡くなってから料理をつくるのが面倒なので、青汁と缶詰の魚、玄米や作られているパック入りのごはんを食べて生きている。それで、とりあえず、なんとか血圧や血液検査の結果も落ち着いている。

60代前半　男性
1年前から完全に外食やスーパーで売っているものを食べて暮らしている。それまで、まったく検診で異常がなかったのに、高血圧、高脂血症、高血糖値を指摘された。生活様式はこの1年間で変わったことをやっていない。変わったのは、手づくりの食事を食べなくなったことだけである。

70代後半　男性
2年間、家内は病気で、ずっと病院に見舞いに行き、自分の食事や洗濯はすべて自分でやるようになった。それまでは一切、家の仕事はしていなかった。やむなくやるようになっていたが、家内も入退院を繰り返したあと、先日亡くなった。これからは、自分の分だけつくればよいのだなあと思っただけであった。

80代後半　男性
妻が整理したタンスを、自分がもう一度同じものを同じタンスに入れようとしてもまったくできない。妻の整理術があまりにすばらしいので、自分は手出しすることを許されない。もちろん、台所も一切入らせてもらえない。家事を手伝いたくてもできないでいる。

妻が手伝いすぎていないか

以前ですと、特に男性の人生は短く、60歳まで生きればめずらしいことで、還暦として、皆が集まってくれてお祝いしたものです。そのような時代では、男子厨房に入らずと言って、一切の家事をやらなくてもよかったかもしれませんが、今は違います。男女ともに以前より長い人生が残っているのです。それも、医学が発達し、以前なら絶望だといわれた状況でも、今はある程度、元気になられて自宅にもどってこられます。妻だけでなく、夫もそう簡単にあちらに逝くというようにはいかないわけです。このような時代になっても、妻に、すべての生命維持活動を任せて、自分は何もしないという状態を続けておられることは、やはり、危険なことをされているということになります。また、妻が家事のプロフェッショナルになられて、今まで家事をやってこられていない夫がとても手を出すことができないほどのレベルの仕事をされている場合も、問題となります。妻が、いかにすばらしい家事管理をしておられても、一手に生命維持活動を担っておられる状況は、老いとの戦いには不利になることがあるわけです。

たとえば、家事を一切しておられない夫に、もし妻が急に具合が悪くなられた場合は、どうされますか、と問いますと、外食や弁当などで過ごすと回答されます。しかしながら、何年間もまったく検診で異常がなかった夫が、毎日、外食ばかりするようになって、短期間で血糖値や血圧が悪化してしまった例がありますように、年齢を重ねた状態では、すぐに体調が悪くなりやすいといえます。しかも、外食されるのは、ご自分だけの話です。実際は、体調を落とされて帰宅される妻の世話もあるわけです。ご夫婦ふたりで住まわれている場合、妻がけがや病気になられますと、お互いに助け合わなければ、どうしようもないわけです。また、ずっと弁当や外食ですまそうとすると、経済的負担もばかにならず、体の調子も悪くなり、支えるべき家族の方も体調をくずし、共倒れの状況になりかねません。実際、入院している家族を見舞っている間に、今度はその家族も体調をくずされたという話は、多くの人からうかがう話です。最悪、妻が入院している間に、夫が体調をくずされ急逝され、お互いに死に目にも会えずじまいになったという話も聞きました。しかし、例に挙げさせていただきましたように、あらかじめ家事ができるようになっておられる夫は、たとえ妻がおられなくなっても、体調を崩されずに済んだという話も聞くわけです。やはり、最低限度でよろしいですから、普段から、夫も自らの健康を、自分の手でささえる心構えだけでも、やっておかれることが必要です。

このように、問題なのは、夫が、今まで通りの危機管理意識しか持っておられない場合と妻が家事のプロフェッショナルになっておられる場合です。男性も長生きになったのです。何も家事をされない夫が、よくおっしゃる言葉に、いざ妻が食事の世話ができなくなったら、自分は死ねばよいのだというのがあります。しかし、医学は発達していますから、夫も、そう簡単には死なせてもらえません。また、妻が優秀な主婦になられている場合は、妻にしてみれば、よちよち歩きの幼児のような家事しかできない夫を指導することは苦痛だとは思いますが、今一度、老いとの戦いに配慮いただき、最低限度のレベルでよろしいですから、夫にもやさしく家事を教えておいていただきたいと思います。

70代前半　男性
5年前に妻が亡くなり、息子とふたり暮らしをしている。外食ばかりしていて、高血圧になったので、1年前から息子がやむなく料理をしてくれている。しかし、自分の方は、つい好きな甘いものをたくさん食べてしまい、鼻出血を繰り返すようになった。

70代後半　男性
ある朝、突然、家内が亡くなっていた。どこに何があるのか、何もかもわからないので、大変であった。食事も、1年間、外食を続けたが、高血圧になってしまい、これはだめだと思い、自分で料理をするようになった。それからは、血圧も落ち着いている。

70代前半　女性

夫は危機管理のために、週に1日、外で買ってきたものを食べるようになった。血液検査を受けたが異常は出なかった。これを続けてもらうことにしている。

自覚するように頼んでみる

人間が生きていくために必要なものといえば、水・食事・睡眠・暑さ寒さをしのげる住居などだと思います。そのうち、急に日常の世話がなくなってしまって、何が問題となるかといいますと、やはり食事ではないかと思います。それ以外は、とりあえず、代用がきくわけです。たとえば、掃除や洗濯はしなくても生きていけますし、衣服は少しもったいないですが、どんどん新しいものを買ってきて使い捨てればすむことです。あと、水と睡眠は、自分で勝手にとることができるものですから、やっぱり、食事だけが問題となるのです。食事は大切です。おいしいものを食べ、好きな飲み物を飲んで過ごすことができれば、人生は楽しいものとなります。しかし、年齢とともに、徐々に食事制限がかかるようになってきます。そのような厳しい状況であっても、工夫すれば、かなり楽しい食事ができるはずです。それを自分自身でつくることができれば、その人自身が、自分の体にとって、よいものはどれかという意識を持つことができるわけです。要するに、自分の健康を意識しながら生きなければ、満足できる暮らしを長くは続けられないというわけです。

病気やけがをされても、元通りというわけにはいかなくても、治療すればかなり治って、帰ってこられます。それだけに、徐々に食事制限や運動制限がかかる状況で、長く苦しい老いとの戦いが続くことが増えてきていると思います。このような場合、男性も以前のように一切の家事をせずに過ごしていると、奥さんの思わぬ病気やけがで、いきなり家事一切の支援を受けられない状態になってしまい、一気に窮地に追い込まれます。そのようなとき、周囲に支援の手があればよいですが、ない場合は、夫は急激に状況が苦しくなってしまうわけです。年齢のいった体には、若い頃と違って、余力がありません。すぐに高血圧、高脂血症、糖尿病など、いろいろな問題が出てくる可能性があります。そうなれば、たとえ、奥さんが自宅に帰ってこられて、以前のように支援されるようになっても、ご主人の身体は、もう元通りの体ではなくなってしまっており、一段低い段階で老いと戦うしかなくなってしまいます。これでは危機管理としては、不合格です。

なにも、外食や外で調達した食べ物がすべてだめというつもりはありません。ひとり暮らしをしておられる男性の中には、外食や外で買ってきたものをうまく選んで食べて、体の調子を維持している方も多くおられます。そのような方の話をうかがいますと、塩辛いものを避けたり、いくつもの食品を買ってきては、少量ずつ食べて、残すことを恐れないようにしたりするなど、いろいろな工夫をして元気に過ごしておられます。いろいろな努力のお陰で、体調を維持されているのです。外で食品を買うにも、普段からお店や売り場の様子などを知っておかなければ、いきなりこのようなことはできません。そのため、日常生活においてある程度の準備が必要なのです。

結局、自分のイメージ通りの食事をとることができるようにするためには、自分でやるしかないのです。

手順②
自炊できなくても外食を試してみる

70代前半　女性

3年前までは夫は自分の趣味しかしていなかった。それがゴルフをやめてから、自発的に自分の身の周り、つまり炊事や家事をすべてやるようになった。やはり、お互いが自立していると楽だ。

80代前半　男性

退職して10年、できるだけ妻にばかり家事をまかさずに、自分で何でもやろうとしてきた。そうすると、生活にメリハリがきいて、とても満足している。何でもやろうとすることがよかったのだと思う。

軽い家事からやってもらえないか

仕事人間であった夫が、いきなり料理することはむずかしいと思います。ですから、まず、夫は、食事の後片付けから始めてもらうとよいかもしれません。台所は妻の仕事場ですから、仕事人間であった夫ならば、よくわかると思いますが、まず仕事場はきっちりと整理します。つまり、後片付けをしっかりとするというのが鉄則です。このようにすることで、妻もやっと夫を自分の仕事場に招き入れることができるようになります。これを夫がするだけでも、最低限、鍋や茶碗がどこにあり、最悪、何も料理ができなくても、ごはんだけでも炊くことができるようになるはずです。

もしやる気が残っているようなら、男の手料理を始めてもらうのが理想的です。たとえば、鉄のフライパンを使えば、いくら熱してもフライパンは傷まないので、遠慮なく高温に熱したフライパンを使った料理ができるようになり、料理に幅が出てきます。ですから、鉄のフライパンはよいわけですが、難点は重いことです。これが、男性の力ならなんなくこなせるわけで、プロの料理人に男性が多いのは、もしかしたら、このようなことも関係しているのではないかと思うくらいです。また、最近では、いろいろな機械や道具ができていて便利になったし、さまざまなサービスも利用できるようになっているので、以前よりは、家事の負担も減ってきています。このように、長い老後に備えて、ふたりとも、ある程度、自立しておくことは、必須のことだと思われます。

70代前半　男性
なるべく野菜の入ったものを外から買ってきて、それらを少しずつ食べるようにしている。毎日酒も飲むが、食べる量も少なめにしていると、最近、糖尿病の薬はもういらないと医者からいわれた。

　今の時代は、いろいろなものが売られています。食事も、簡単に外部から調達できるようになりました。それを食べておれば問題なさそうですが、一つ問題があります。外部で売られている弁当などは、しっかりと味をつけておかなければクレームがつくことがあるためか、味の濃いものが多いと思います。問題は、夫の体が、そのしっかりと味付けされた食べ物に耐えられるかです。外見上いかに若々しく見えるとしても、年齢的変化は、人の体のあちらこちらにでてきているはずです。そのため、たった1、2週間の外食でも体に悪影響を与え、一段と、具合が悪い状況に陥ってしまう可能性があるのです。そうなれば、長く苦しい老後を過ごさなければならなくなることも覚悟しなければなりません。というのも、年齢とともに、回復する力も弱くなりますので、一度、体が弱るとなかなか元通りになってくれないのです。基本的には一方向性に心身の能力は低下するようになっていくわけですから、できるだけ、一度に悪化しないように心がけておく必要があるわけです。

具体的には、週に1日か2日、外食か弁当を食べてもらい、まったく妻の支援がなくても食べていけるかどうかの練習をしてもらいます。そして、血液検査を受けてもらい、その結果が良好なら、同じような弁当で2、3週間くらいはなんとかしのげる可能性がでてきます。とにかく、夫が、外部から食べ物を調達される場合、ご自分の好きなものを買ってこられることを避ける必要があります。カロリーのあまりにも高いものや塩分の多いものを避ける必要があります。少なくとも2週間、通しで食べても体に負担のかからないものでなければならないのです。当然、そのような食べ物を売っているお店の情報も、あらかじめ手に入れておく必要があるわけです。ですから、急に言っても急にはできないことなのです。

外食か、外部調達する

実際、奥さんが急逝され、ひとりで暮らすことになった夫が、外部から調達した食事を工夫して食べ続けた結果、糖尿病の薬を内服しなくてもよいぐらいまで、健康を回復された例もあります。ですから、やってやれないことではありません。この方の場合は、野菜が入っているものを選んで買ってくることにしておられます。そして、それらを複数買ってきて、一品を2日間で食べきります。少量に小分けされたものを買ってくるわけです。そして、毎日、メニューを半分入れ替えながら、少しずつ食べていく感じです。できるだけ、多くの種類を買ってくるとも言っておられ、それで、十分に充実した食事になるそうです。しかし、あまり塩分の多いものは買わないなど、健康には留意しておられます。一週間に一度は、外でお酒も飲まれますが、自宅では、少量のお酒を飲むだけにとどめておられます。それで、懸案となっていた糖尿病の薬が不要となったのです。まさに、健康は自分で注意すればよくなるという例だと思います。

このようにして、普段の生活の中で、夫が自分で食事をすべて調達する日を何日かいれながら暮らしてもらえれば、夫の危機管理は完成します。しかも、普段、週に1、2日、妻はまったく夫の料理をする必要がありません。夫も自立している実感がわくはずですし、夫はこれから、どのような立場に追い込まれても、力強く生きていける下地ができあがるのです。

60代後半　女性
夫は食事療法をしているが、スーパーで買ってきたものを適当にアレンジして出しても、血液データが悪化しないことを確かめた上で、手を抜くようにした。これで、自由時間が増え、満足度がアップした。

70代前半　女性
夫の体が心配で、ずっと食材から食事を手づくりしていたが、ある日、外で買ってきたものを適当にアレンジして食事療法として出しても、夫の検査データが悪化しないことを確かめた。これで一気に手を抜けるようになったので、非常に楽だ。自分自身の自由時間が増え、快適度が大幅にアップした。

70代前半　女性
夫の介護と病院への付き添いで、毎日、24時間ずっと拘束されていたが、思い切って、ヘルパーさんを毎日1時間頼んで家事を手つだってもらい、介護タクシーを契約して夫の病院通いをすべて任せたら、気分もずっと楽になった。自分たちのお金はこんなふうに使えばよいと思った。

60代後半　女性
夫は、家事を一切せず、いざとなったら、俺は死ぬという。ときどきアルバイトにでかけるが、それ以外はずっと家にいてうっとうしい。

最後の例の方のように、強いタイプの夫は、外部の意見はお聞きになりませんから、その人に対処する方法は限られるといえます。たとえば、自分はいざとなったら死ねばよいと言われたり、外から買ってきて食べたりして、なんとでもなるとおっしゃいます。この場合は、共同作業で老いと戦うことはむずかしくなります。ただ、唯一の救いは、このような人は、確かにひとりでも生きていける方が多いといえますので、どのようなことになっても、耐えて生きていかれます。

そこで、まず、第一段階としては、妻がつくる料理を、工夫すればよいということになります。要するに、年季の入った夫の体には、外から調達した弁当や外食は、そのままでは耐えられないわけで、これをなんとかすれば、短期間の妻の不在程度なら、夫の体は耐えられるようになります。ひとり暮らしの方々からうかがった話では、外部調達の食でも、選んで購入すれば、暮らすことができます。要するにその人の好みが問題なだけです。それさえうまく克服すれば、ひとり暮らしの方々の話を聞く限りでは、やり方次第で結構うまくいくわけです。実際の食事の世話をされるのは、妻ですから、いかようにもできますので、可能な限り外部調達の食べ物を加工して出していくわけです。

そして、第二段階として、実はすべて外部調達の食材だけだったというレベルまでもっていけば、いざ何かあっても、その購入リストを残しておいて、そのリストを夫に渡せば、夫の体も数週間の外部調達食材に耐えられるようになっているはずです。夫の好みや体調をよく知っておられるのは妻です。妻なら外部から調達する食事でも、どれがまだましな食材かどうかわかるはずです。今や、便利な世の中になったのです。何も手作りにこだわる必要はまったくないわけです。このように危機管理すればよいだけで、夫の危機管理と、妻の自由時間の確保というふたつの課題を同時に解決したことになります。

個々の例で、まったく事情も異なるでしょうから、このような対応を参考にされて、少しでも無理がかからないように、工夫されて老後を暮らしていってほしいと思います。

手順③

ふたりの距離を上手に保つ

2週間程度なら夫の体調維持に最低限度必要な食の自立ができそうなめどがたてば、あとは、その日の調子で、ふたりの間の距離をあけるように工夫していきます。老いとの戦いでは、ふたりが同時にあちらに逝くことはまれで、普通は、どちらかが残されます。いきなり、片方がいなくなったときに備えて、普段から、距離を置く練習をしておくのです。方法は3つあります。

①物理的に距離を置く

体調が悪いことを強調して、早めに床につく

たとえば、頭が痛いと言ってみて、体調を崩したようなふりをして、早めに自分の部屋に引きこもってしまうのもひとつの工夫です。とにかく、同じ寝室を利用していても、自分だけ早く部屋にあがれば、少し空間的に距離をつくることができますので、かなり気分は楽になると言われます。また、理想的には、別々の部屋にしてしまうのもひとつかもしれません。

自宅の中で、できるだけ別の空間を確保する

70代前半　女性
友人に、けんかばかりしている夫婦がいたが、ふたりとも施設に入り、別々の個室に入ったら、それまで、まったく顔を見るのもいやだと言っていたのに、ときどき、仲良く同じ部屋におられるようになったと聞く。

空間を分けるために、大きな自宅が必要となるわけではありません。時間的に分けたり、ちょっとした間仕切りをしたりしただけでも、かなり違う可能性があります。要は心理的な距離をとるという程度の意味にしかならずとも、気分はかなり楽になる可能性があるのです。これはまったく個々のご家庭で事情が異なりますので、いろいろ工夫してみて欲しいと思います。

何か趣味に熱中するなど、自分が外に出ていける環境を整える

妻が外に出ていくようにされるのも、有効な対策となります。たとえば、いざというときのために、近所づきあいは絶対に必要なことなので、家の前でおしゃべりすることも大切だと普段から伝えておくわけです。また、趣味などの場合は、時間をつぶすというよりも、かなり建設的に何か自分の能力にプラスになるような意味あいがあると思います。そのため、たとえば、趣味のサークル活動や園芸、スポーツなどで、過ごそうとすれば、距離をあけるだけでなく、暮らしにうるおいをもたらしてくれるかもしれません。

夫が、積極的に外に出ていってもらえる環境をつくる

60代後半　女性
夫に何を言っても通じないため、自分からは何も言わなくなった。夫は外に出ていくことが好きなので、退職しても、できるだけ外に出ていくように言うつもりだ。それが、結局は、夫にとってもよい健康法になるはずだ。

夫は、ずっと外で働いてこられたわけで、一部の男性は、園芸や自治会活動なども積極

的にこなされる場合があります。このようなとき、できるだけ外出してもらうことは、夫の健康を維持するためにも大変有意義であります。多くの男性からいただいた声によりますと、園芸や畑仕事は、非常に健康によいと言われます。たとえば、トマトやキュウリなど、食べることができる作物をつくってもらえたら、たくさんできれば、人にあげると大変喜ばれますし、自らの体にとってもよいことですから、双方にとって、とても満足感の高い対策となります。

②心理的に距離を置く

聞いているふりをして、その間に、別のことを思い浮かべる練習をして、自分の頭にいれないようにする

60代後半　女性
夫は仕事も畑もやる。気分の悪いことがあると私にいろいろなことを言ってくるが、聞き流すようにしたら気分が楽になった。

50代後半　女性

夫婦で自営業をやっているが、夫の細かな指示が悩みの種になっていた。不可能なことまで言われていると感じる。そこで、聞くふりをして聞き流すように意識したら、気分が楽になった。当然、夫から文句を言われるが、それでも聞き流すようにすることが、やんわりと自分を主張している感じがして、気分は爽快だ。

この対策は、まさに独自の世界に浸りきっている夫を対象としている対応策です。もし、夫がこのような状態に入っておられる場合は、できる限り、その世界を邪魔しないように、そっとしておいてあげる気持ちが大切です。そして、夫の世界を尊重するとともに、このようにして、あなたの世界もあることをそっと夫に知らせるわけです。

普段、過ごす家の中に、物理的に距離をとることはなかなかできないときもあるでしょう。そのようなときは、この方法で、心理的に切り離すようにされてはいかがでしょうか。いろいろなことを話してくる夫は、何かをあなたに伝えたいわけです。そのような場合、前述のごとく、相手の話をとりあえず聞いてあげることは、相手の心を鎮める効果があるので、その人のためになります。つまり、カウンセラーのような役割を果たすのです。そして、カウンセラーと同様に、聞いた内容は、あなたにとってはストレスとなる可能性がありますので、すぐに、すべて忘れるようにします。これを繰り返していかれますと、徐々にお互いに快適な世界があることを、そっとご主人に伝える役割を果たしてくれる可能性があります。何度も申し上げますが、老いとの戦いは、ひとりでやるものです。決して、人に助けてもらってできることではありません。それは、もちろん、いよいよ体の自由がきかなくなってきたような場合などは、別の話となりますが、できるだけ普段は、このように自分でなんでもなさっていただくことが、その方の意思で、できるだけ最後まで満足して暮らしていただける可能性を少しでも高める道であると信じます。

記憶力が落ちたことを普段から強調しておき、相手に納得してもらいながら、相手の言うことを聞かない

相手の話を聞き流しますので、相手の人が言ったことを、何も聞かないわけですから、そのことを指摘される場合があると思います。そのようなときは、夫が疑問に答えるように迫ってこられているわけで、こちらの声を聞き取る準備が整っておられることを意味します。つまり、相手に情報を与えるチャンスです。そのとき、記憶力が落ちていることをしっかりと伝えるわけです。つまり、妻の側にも老いとの戦いが出てきていることを伝えるのです。一部の方は別でしょうが、私自身も含めて年齢を重ねますとどうしても記憶力

は低下します。別にうそをついているわけではありませんし、記憶力が低下することは避けきれないことなのですから、どうしようもありません。それを普段から強調して、少しでも緊張を和らげるように心がけていただきたいと思います。

相手が近くに来たとき、急に他のことで忙しくして、話しかけられない環境をつくり、耳を貸す暇がないことを相手にわからせる

相手の方が近づいてきたら、何でもよいから、身の周りのことで忙しくやっているようにふるまうことによって、心理的に相手が話しかけにくい環境をつくります。ですから、何も体を動かすことでなくても、絶対に見たい番組があると伝えてからテレビを見たり、パズルに興味のある方では、パズルを始めたら声をかけないようにあらかじめご主人に言っておいたりする方法でもよろしいわけです。要するにやんわりと夫に今はあまり話をしたくないことを伝えるわけです。

自分に言ってもらっても、自分には返事することができない内容だから、わからないと返事する

わからないものを、いい加減に返事して、後に問題になってしまうより、最初からきっ

ぱりとわからないと返事されることが必要です。つまり、このように返事することで、夫にそれとなくあなたにも限界があることを伝えるわけです。これは自分の知らないことに対して、いい加減な返事をしてしまい、事態をより混乱させるようなことは避けたいからです。ですから、このようにしっかりとわからないと返事することは大切なことなのですが、それでも、夫がなんとしてもやるようにおっしゃる場合は、どうしようもありませんので、ただ、聞くだけになってしまうかもしれません。

相手にはわからないように、自分の損得だけを考えて、行動するように心がける

これも、相手の人が話しかけてこられているときのあなたの心づもりを説明しています。非常に強く相手の方が一方的に話される場合、相当なストレスをあなたは受けますが、そのような場合、意識的に自分自身の損得だけを考えるようにして、自分のことだけに意識を集中させるようにすることが少し助けになるかもしれません。これも相手の声を聞いているように見えて、聞かないようにするための工夫のひとつです。

あまりにも細かな指図には、その内容を相手に繰り返した後に、「あなたは、それが私の仕事だと思っているのですね」と切り返す

ここまで言わなければ、相手の方がわかってもらえない場合はかなり少ないと思います。しかし、状況が非常に厳しい場合には、このように対応していただき、お互いに自分が快適だと思う世界があること、そして、それを尊重しあうことが、これからの長い老いとの戦いに有効であることを、相手にやんわりと伝えようとしていただきたいと思いますが、なかなかこのような対応はむずかしいかもしれません。とにかく、夫婦は、老いとの戦いの戦友同士ですから、お互いの守備位置を守り合いながら、戦うという意識を伝えようとしていただきたいと思います。

③自分の気持ちを切り替える

何かに熱中する。ラジオやテレビに熱中したり、ネットやゲームで遊ぶ

70代前半　女性

携帯ゲームをやっているときが一番気分がよい。何もかも忘れて没頭できるからだ。ゲームをやっているときだけが快適と感じる。

悩んでもしかたがないのなら、いっそ、別のことに気持ちを持っていけばよいのではないかと思います。今は、便利な世の中ですので、いろいろなことをして、気分を変えることができます。熱中する対象が趣味などの場合は、時間をつぶすというよりも、かなり建設的に何か自分の能力にプラスになるような意味あいがあると思います。たとえば、夫に対する不満を自宅にとどまって悩んでいるより、趣味のサークル活動や園芸、スポーツなどで、過ごそうとするわけです。また、最近では、60代以上の方々でも、結構、先進的な方々はパソコンや携帯端末を使いこなされている場合があります。このような機器を使えば、さらに、もっとさまざまなことができるようになります。しかも、これらの情報機器は、大抵、自宅でできるものですので、手軽さもあります。もし、興味があれば、若い世代のように、携帯ゲームなど、まったく普段の生活とは異なる世界に身を置いてみるのも一興かもしれません。とにかく、夢中になれる何かに注意をそらして、気分を楽に保つようにされると、どんなに深刻な悩みを抱えておられても、耐えられるようになるはずです。一度、試していただきたいと思います。

ただし、前述のように、テレビを見ても見入ってしまい、なかなか眠れない人は疲れが残ってしまうことがありますので、注意が必要です。今回のアンケートでは、テレビを見ていてなかなか眠れない人は、テレビなどの映像を見ると疲れがたまるのではないか、つまり、いやしの時間とはならないのではないかという結果がでました。ですから、テレビをつい見入ってしまい、なかなか眠ることができない人は、テレビやビデオなどよりも、本や音楽など、別のものを使って休むと疲れがとれやすくなり、体調が回復しやすくなることが考えられます。実際、あなたにとってどうなのか、一度、試していただきたいと思います。

現状をありのままに受け入れる。なるようにしかならないと考える

70代後半　男性
できるだけいろいろな資料を集めて、ずっとどうすればよいかを考えるが、ある程度、考えてもどうしようもないとなれば、いくら悩んでも仕方がないのだと思うようにしている。むずかしくて解決できない悩みは多いが、そのような場合、そうするしかないと思う。

今回のアンケート調査では、なるようにしかならない、悩んだってしかたがない、と多

くの方々から教えていただきました。確かに、皆様に評価していただいた評価ポイントもかなり高く、多くの方々からご支持いただいた対応策だと思います。とくに、なるようにしかならないのだから、もう悩んだって仕方がないという言葉は、アンケートのお答えを頂戴していて、何度も聞いた言葉です。人間、開き直りは、相当、気分を吹っ切れさせてくれる思いであり、なんとなく、未来に向かって、もう一度、やり直そうという雰囲気を感じさせてくれます。

人間、たとえわずかでも将来に希望が持てたら、苦しいことも耐えられる。将来的には楽になることを夢みて、気分を落ち着ける

80代前半　女性
昔は、みんなひたすら生きるために働いた。自分も朝から晩までずっと働き通しだった。贅沢などしなくてよいから、働かずに食べていけることだけが唯一の夢であった。

戦後の動乱期を生き抜いてきた方々は、食べるものにも不自由をした当時を思い出されてこのように話されます。当時は、仕事に生きがいなど求めませんでした。ただ、お金を稼いで生きるために働いたのだとおっしゃいます。また、その将来の夢も、年をとって働かずになんとか食べていけることだけであったと言われます。

昔の夢は、今から考えれば達成可能ではないかと思われる簡単なものでした。いつの間に、今のように、高い目標に設定されるようになってしまい、なかなか実現できないものに取って代わられてしまったのでしょうか。世の中が平和になって、物があふれるようになり、貧富の差が大きくなってきたからでしょうか。ここでは、将来、ただ楽になるだけが目標となっています。このように実現可能なことを希望に持つ方が、より気分が落ち着くのではないでしょうか。

本来自分が持っていた「物事をさまざまな角度から考える習慣」を取り戻す

ものは考えようで、後で考えれば、あのときは苦しかったが、結果としてはよかったということもあるかもしれません。一度、そのように考えようとしてみてほしいです。なかなかこのように考えることはできないかもしれませんが、実際に、過去の自分の人生を振り返ってみても、確かにこのようなことはありうることだと思います。ただ、苦しいときに、このようにいろいろな角度から、物事を考える余裕を保てるように、努力することは必要だと思います。とにかく、このように考えて、気分を少しでも楽にしてほしいと思います。

うまくいったときのことだけ、思い浮かべるようにする。面白いもの・楽しいものを探して、それだけを考えるように心がける

これなど、眠るときに思い浮かべるとよいかもしれません。いくら最悪の時期でも、最悪が、永遠に続いたためしはありません。確率的にも、一生涯、最悪が続くことは非常にありえないことです。ですから、何かひとつぐらいは、まあまあのときがあると思います。それを思い浮かべて、心を安定させていただきたいです。若い頃でも、なかなか楽しいものを見つけることはむずかしいと思いますが、年齢を重ねますと、ますます、楽しいものを見つけにくくなっていきます。しかし、それでも、何とか楽しい音楽でも聴きながら、気分が楽になるようなことを思い浮かべていただき、いやなことを忘れようとしていただきたいと思います。

本書の調査方法と分析について

アンケート項目

ご家族は何人ですか？
日常生活における満足度は100点満点で評価したら何点になりますか？
頭を悩ませておられることがありますか？
　1　ない　2　少しある　3　ある
他の人に話しかけられて、それを聞き取れずに、聞き返すときがありますか？
　1　ない　2　ときどきある
テレビ、ビデオ、ゲームや携帯端末などの映像メディアをどのくらい見ますか？
　1　よく見る　2　あまり見ない
一日に、睡眠時間はどのくらいとれていますか？
　普通の日において　就寝時間（　　）時頃　起床時間（　　）時頃ですか。
睡眠不足と感じておられますか？
　1　不足と感じる　2　睡眠は足りている

他人の悩み相談にのってあげる余裕は残されていますか？
1　はい　2　いいえ
ゆとり時間はどのくらいありますか？

どうしてもやらなければならないことがある時間を除いた余裕の時間はどのくらいありますか。

ぼんやりする時間は、ありますか？

また、どのようにして心身を休めておられますか？

テレビを見ていて眠れますか？
1　すぐ眠れる　2　なかなか眠れない　3　あまり見ない
携帯端末をどの程度使われていますか？
1　よく使う　2　あまり使わない　3　使わない

対象者

本アンケート調査にご協力くださった方々は、2011年より門真市医師会が行っているひとり暮らしの方々を支援する活動に参加されている方々と、2013年11月初旬から14年3月初旬にかけての4カ月間に、当診療所に来院された60歳以上の方々に、許可していただける範囲内でアンケートにご協力いただきました。

各アンケート項目は、許可が得られた分だけを集計しておりますので、それぞれの項目毎に、アンケート総数は変わっています。なお、アンケート内容は、受診時の状況ではなく、できるだけ普段の暮らしにおける状況を回答していただくようにお願いいたしました。

結果と判定方法

アンケート全体の日常生活満足度の平均点は69・5点でした。また、悩みの程度を設問から123に置きかえて数値化した悩み度の平均点は1・8でした。満足度と悩み度をひとり暮らしと家族と一緒に暮らされている人とで集計いたしますと、圧倒的にひとり暮らしをされている方の方が、満足度も高く、悩みも少ないことがわかります。

また、家族数別に集計し直してみますと、前作で指摘しました通り、今回のアンケートでも、ふたりの家庭が一番低い満足度で、悩みももっとも多いことがわかりました。

つまり、ふたり家庭が一番厳しい状況に置かれていることがわかります。

平均値

有意差の判定は、各値の分散が等しいことを確かめた上で、t検定を用いて1％以下の危険率にて判定しています。

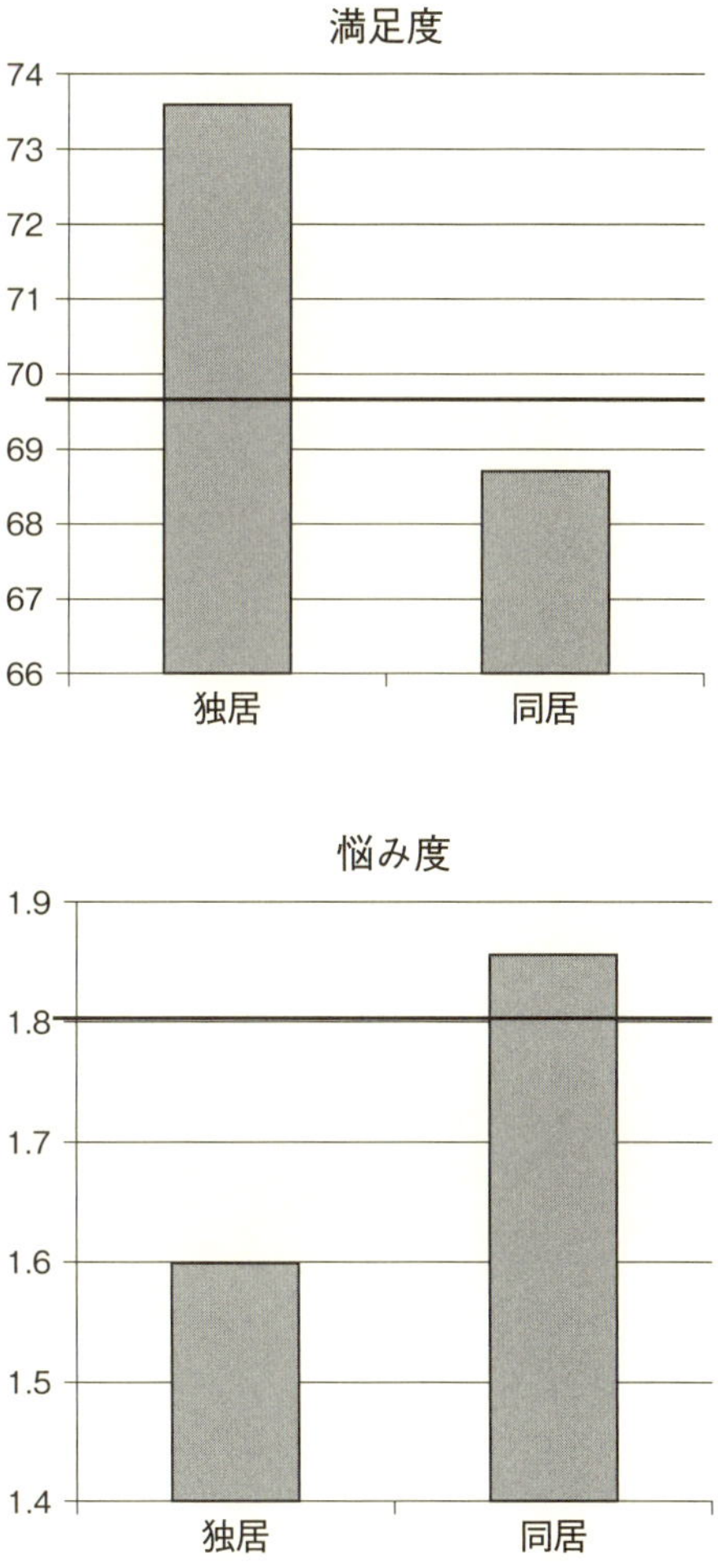

横線は全体の平均値

テレビとの関係

60歳以上の方々は、テレビをご覧になられている方々が多いため、テレビと暮らしとの関係を調べました。具体的には、テレビを見ながらすぐに眠る人となかなか眠れない人とで、満足度や睡眠不足感、聞き取り不可（聞き損じる）率、映像メディア接触度、相談の可否（人の悩み相談にのってあげられる心の余裕）を調べましたところ、満足度

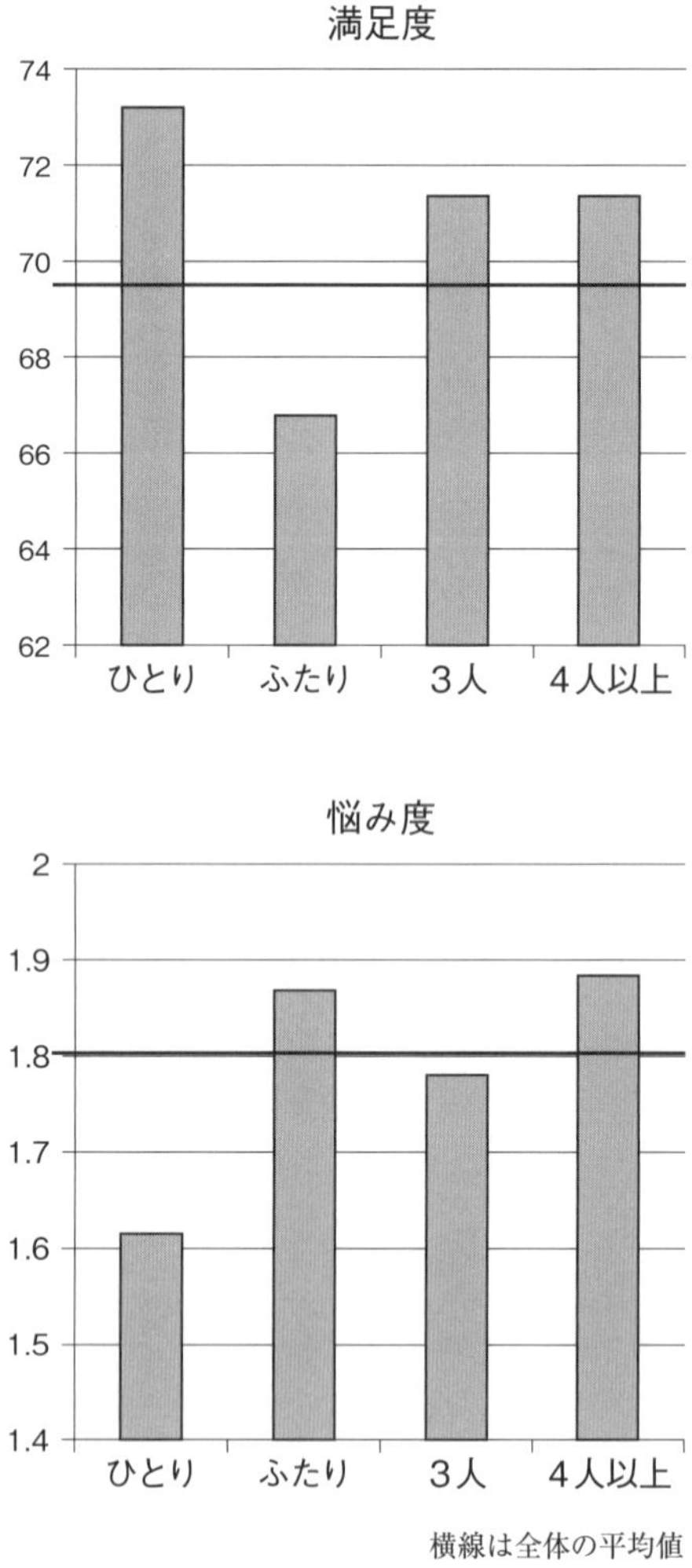

は、すぐに眠る人は、71・79点、なかなか眠れない人は、66・22点であり、すぐに眠る人の方が、満足して暮らしておられることがわかりました（分散が等しいことを確かめた上で、t検定を用いて1％以下の危険率にて判定）。また、睡眠不足感にも、差が認められ、すぐに眠る人の方がぐっすりと眠れていることがわかります（ピアソンのカイ二乗検定を使用し、5％の危険率で判定）。ところが、聞き取り不可率、映像メディア接触度、相談の可否には差は認められず、テレビは、今回のアンケート項目の範囲では、満足度と睡眠不足感のみに影響しているようです。因果関係はわかりませんが、テレビは60歳以上の人々の暮らしに何らかの影響を与えていることを示していました。

睡眠不足感	すぐ眠れる	寝られない	
感じる	30	55	有意差あり
足りている	73	48	

聞き取り不可	すぐ眠れる	寝られない	
ある	49	49	有意差なし
ない	50	38	

映像メディア接触度	すぐ眠れる	寝られない	
よくある	56	46	有意差なし
あまりない	45	44	

相談可否	すぐ眠れる	寝られない	
可	96	96	有意差なし
不可	29	25	

テレビとの関係

おわりに

今のところ、人間が自由に動けて、自分の意思で暮らすことができる期間は、せいぜい100年ぐらいではないでしょうか。100歳程度になりますと、誰しも少しぐらい認知症らしき状態になってくるといわれていますし、足腰の力が弱くなり、ものを飲み込む力や歩く力も低下してきます。ですから、その人がどのように思われるか意見の分かれるところですが、有意義な人生は、100年が限度ではないかと考えます。その100年間を、できるだけ快適に、満足して暮らせるように工夫しなければ、せっかく生きているのにもったいないということになります。

寿命の延長とともに、ふたり老後も長くなりました。片方に老いとの戦いが始まっても、もうひとりが助けてくれますから、誰が考えても、ふたりの方が、有利に戦いを進められると考えがちですが、かならずしも、そうではありません。多少の差はあっても、ふたりとも老いとの戦いが始まることの方が多いといえます。つまり、そう簡単に、一方的に支援してもらえるわけではないのです。以前のように、大家族で、家族が交代しながら支えてくれるという姿は、今の社会構造では、あまり期待できません。家族数が減って、なおかつ、忙しくなっていますから、一日中、支えることは不可能なわけです。

つまり、ふたり老後は、ふたりがそれぞれに自立して、ひとりで暮らしていると思っているぐらいでなければならないということです。そうしなければ、どんなにやさしい家人が傍にいてくれて、子世代が近くに住まわれていても、不平不満が生まれる下地ができてしまいます。そうなりますと、本人に直接確かめたわけではありませんが、自分自身の老いとの戦いに、家族に対する不満が加わり、結局、人生の後半を心穏やかに過ごすこととは、ほど遠い状況になってしまいます。

とくに、頼るべきパートナーがすぐ傍にいるふたり暮らしは、どうしても依頼心が出てきます。いくつになっても支援を受けられるような幸運な立場におられる人は別として、普通は、いつかは支援が途切れることを覚悟しておかなければなりません。ふたり暮らしでも、結局、ひとりで生きていかなければならないわけです。それを忘れてしまうと、せっかくどんなことでもふたりで対応できるがゆえに、ひとり暮らしより圧倒的に有利な立場におられるにもかかわらず、それがうまく生かされません。ひとり暮らしは、ひとりであるがゆえに、戦う覚悟ができています。それに比べて、ふたり暮らしは、ひとりが具合悪くなれば、とたんに、ひとり暮らしになってしまうにもかかわらず、覚悟が足りないようにみえる人がおられます。そのような意味で、ふたり暮らしは危うい形といえます。

また、とても便利な世の中になりました。情報化のおかげで、すべての人が、自分好みの世界に好きなだけ浸ることができるようになりました。そのおかげで、個人個人で、好きな世界に浸ることができますので、いやなこともすべて忘れて没頭できるという利点があります。60歳以上の方々は、主にテレビなどの映像メディアが中心ですが、人によっては、非常に快適そうに自分の世界に浸っておられます。将来は、もっといろいろな情報機器を使いこなされる人々が老後を迎える世代になってこられることでしょう。

しかし、今回のアンケートでは、人によっては情報化が疲れの原因になってしまっていたり、家族同士の意思疎通を邪魔するものになっていたりすることがわかりました。それも本人が気づいておられるとは限らないため、余計に問題となります。その上、テレビを見たり、メールをもらったりしても、人間味があまり感じられないという声が多く寄せられました。やはり温かい人の肉声が一番心休まると言われます。いくら、情報化が発達しても、果たして、人の心は穏やかに暮らすことができるようになるのでしょうか。よくわかりませんが、アンケート結果を見る限りでは、情報化にあまり多くを期待できないといえます。

しかし、情報化をうまく利用すれば、それぞれが独立した世界に住みながら、お互いの世界を尊重し、いざとなれば、もうひとりを支えるだけの準備が整っているという姿をとりやすくなるかもしれません。老いとの戦いは、個人戦です。団体戦はできないルールです。どんなにやさしい家族が傍にいてくれても、手を貸してもらうと、その分だけ自分の能力が低下してしまい、老いとの戦いが不利になります。極端な話、ひとり暮らしのふたりが、同じ屋根の下で暮らすようにできることがふたり老後の理想型なのですが、それを情報化によってうまくつくることができるかもしれないのです。

ふたり暮らしをされている方で満足しておられる人は、お互いの暮らしを尊重しあっていますし、うまく意思疎通もできています。一方、不満に満ちている人は、ふたりの間の相互理解と意思疎通が欠如していました。今のところ、情報化はふたりがお互いに理解しあうことを助けたり、それぞれが自立することを援助したりする方向には役立っていないようにみえます。老いはとても手強い相手です。ふたりの間にある小異を捨て、それぞれが力を合わせて戦わなければ、とても戦いにはなりません。片方がもう一方を支えるような脆弱な関係ではだめなのです。情報化を敵とせず、それとうまくつきあいながら、ふたり暮らしといえども、まるでひとりで暮らしておられるかのごとく対応し、しっかりと自らの進む方向を見据えながら、ふたりで力を合わせて生きていきたいものです。

市中の耳鼻咽喉科診療所には、お子さんから年齢のいった人まで、全年齢層の方が受診されます。なかには大きな病気の方も来られますが、大抵は軽い症状の方々が来院されます。つまり、普段は、私より元気な方々が来院されているのです。そのようななかで、今回のアンケートに協力してくださった60歳以上の924名の方々には、貴重なお話をいただくだけでなく、本書の内容についても大変ありがたいご批評をお寄せいただき、さらに、掲載の許諾までくださいました。このような多くの方々のご支援のお陰でこの本を出版することができましたことに対して、心より感謝申し上げます。

また、松本三千代看護師ならびに当診療所スタッフ諸氏、水曜社の仙道弘生氏には、有意義な議論や意見を多く頂戴いたしました。ここに謝意を表するとともに、一連の高齢者に関する活動を当初から支えてくれている家族に感謝したいと思います。

辻川 覚志（つじかわ・さとし）

1952年生。大阪市立大学医学部卒、脳神経外科を研鑽、脳神経外科専門医資格を取得。めまいに興味を持ち、関西医科大学耳鼻咽喉科に転籍。ドイツデュッセルドルフ大学耳鼻咽喉科留学、帰国後、厚生省前庭機能異常調査研究班の仕事に関与。一貫して神経系の研究ならびに臨床に従事。医学博士。日本耳鼻咽喉科専門医。1993年大阪府門真市にて耳鼻咽喉科医院開業。趣味は料理とパソコン。2011年より門真市医師会「お元気ですかコール」活動に従事。著書に『老後はひとり暮らしが幸せ』、『元気で長生き！知恵袋』。現在、子供（息子２名）は独立、妻と犬１匹の生活を送っている。

ふたり老後もこれで幸せ

発行日 2014年８月12日 初版第一刷
　　　 2014年８月18日 　第二刷

著　者 辻川 覚志
発行者 仙道 弘生
発行所 株式会社 水曜社
〒160-0022 東京都新宿区新宿1-14-12
TEL 03-3351-8768 FAX 03-5362-7279
URL www.bookdom.net/suiyosha/
印　刷 図書印刷 株式会社

 ISBN978-4-88065-344-0 C0095